旅に出たくなる地図 関東甲信越

JN021078

みなとみらいのヨコハマエアキャビン

もくじ 旅に出たくなる地図 関東甲信越

地図の記号

記号	意味	記号	意味	記号	意味	記号	意味
●	都道府県庁所在地	═══	その他の道路	∩	城跡	⊗	高校
◎	市	───	航路	日	神社	✕	大学
○	町村	✈	空港	卍	寺院	↓	碑
・	字(旧市町村など)	3776▲ (非火山) 3776▲ (火山)	山頂及び標高(m)	☖	教会	🏛	図書館
───	都道府県界		湿地	・	その他の建造物	〒	郵便局
─‐─	市郡界		湖沼・河川	♨ ♨	温泉	⊞	病院
───	町村区界		滝	✿	工場		
───	旧国界	世界遺産 🏛	文化遺産				
───	新幹線	▲	自然遺産				
═══	JR線		ラムサール条約登録湿地				
───	私鉄・第三セクター	※	灯台				
───	地下鉄		おもな史跡・名勝				
═◎═	高速道路		天然記念物				
───	有料道路	■	おもな観光地				
═══	一般国道	■	その他の地点				

記号	意味	記号	意味	記号	意味
📷	展望台	🛐	有名な寺院	安曇野	有名な観光地・観光施設
🏬	アウトレットモール	🛐	有名な神社	🐗 大桑	道の駅
🌸	さくらの名所	🏯	有名な城跡	🎋	棚田百選
🍁	紅葉の名所	⛳	ゴルフ場	🏮	おもな祭
💧	名水のある場所	🏛	博物館・美術館	☂	快水(海水)浴場百選
⛺	キャンプ場	🎬	映画やドラマの舞台	✿	おもな花火大会
⛷	スキー場	🌊 ▶ 海岸		❄	おもな冬のイベント

広域図の標高

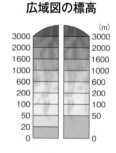

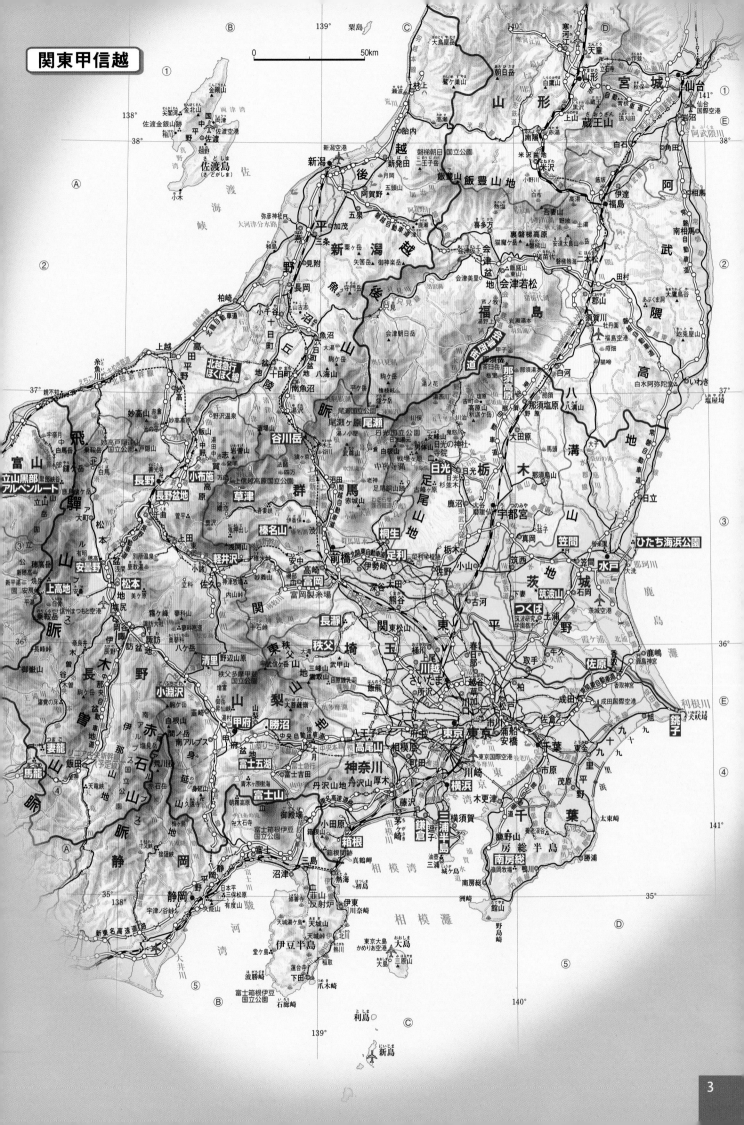

関東甲信越

0 ____ 50km

訪れてみたい

場所がある

日本の首都、東京を擁する関東地方、

3000m級の“日本の屋根”がそびえる甲信越地方。

大都会や下町、雄大な自然や趣ある温泉街など、このエリアの見どころは尽きない。

初めて訪れる感動はもちろん、何度訪れても新しい発見がある魅力的なエリア。

地図を開けばあなたの旅は無限大だ。

ネモフィラの咲く春のひたち海浜公園

3〜5月 春の旅

新しい命が芽吹き、梅や桜が香る春。心地よい風に誘われ、その土地で守られてきた伝統や華やかな色に染まった花の名所を歩いて、若々しい緑の大地を満喫しよう。

⑤上野恩賜公園の桜並木

凡例

🏮 日本の棚田百選
出典：農林水産省

━━ 桜の開花前線
出典：気象庁 (1991〜2020年の平均)

🌸3月24日 各都市の桜の開花日
出典：気象庁 (平年値)

▦▦▦ 高速道路

▬▬▬ 新幹線

━━ JR線

----- 都県境

● 都庁・県庁所在地

日本海

4月8日
新潟
4月10日

梨ノ木田
大開
花坂
狐塚
蓮野
上船倉

北五百川 ⑧

田沢沖
栃倉
大西
青鬼
塩本
慶師沖
根越沖
原田沖
重太郎
姨捨

北陸自動車道 ⑤ ⑥

福島新田
長野 4月11日
姫子沢
滝の沢
稲倉
宇坪入
前橋 3月29日

北関東自動車道

宇都宮 3月30日
国見
石畑

3月31日

水戸 3月30日

⑦ ⑤ ⑦ ⑨

よこね田んぼ
3月25日
甲府 ⑥ ⑧

中央自動車道

熊谷 ①
圏央道 3月27日

さいたま

⑥ ⑤ ④ ③

東京 3月24日
③

横浜 3月25日 ④
館山千枚田
⑦
大山千枚田
② 3月25日

千葉
東関東自動車道
銚子 3月30日

常磐自動車道

東名高速道路

東海道新幹線

駿河湾

相模湾

太平洋

▲日本の棚田百選の新潟県「北五百川棚田（きたいもがわ）」

巻頭 6

COLUMN

ソメイヨシノの起源

ソメイヨシノは、人の手で接木によって増やした桜である。国立遺伝学研究所の故竹中要博士は、この樹の起源についてオオシマザクラとエドヒガンの雑種であることを、膨大な交配実験から明らかにした。のちに京都大学の研究グループがDNA解析により竹中博士の雑種説を支持した。全国の桜の名所の約8割がソメイヨシノ。

花見の名所

❶ かみね公園 (→p.67C1)
茨城県日立市
🌸 見頃：4月上旬～中旬
動物園やレジャーランド、プールなどが併設され、
ソメイヨシノを中心に約1000本の桜を楽しめる。

❷ 赤城南面千本桜 (→p.89C3)
群馬県前橋市
🌸 見頃：4月上旬～中旬
約1.3kmの市道で桜まつりが開催される。
満開時には見事な桜のトンネルとなる。

❸ 大宮公園 (→p.59E3)
埼玉県さいたま市
🌸 見頃：3月下旬～4月上旬
春には敷地内の約1000本の桜が咲き競う、
人々に親しまれる県内でも屈指の桜の名所。

❹ 茂原公園 (→p.53B3)
千葉県茂原市
🌸 見頃：3月下旬～4月中旬
桜の時期には「茂原桜まつり」が行われ、
約2800本の桜が幻想的にライトアップされる。

❺ 上野恩賜公園 (→p.25C4)
東京都台東区
🌸 見頃：3月下旬～4月上旬
開花時期には述べ約330万人がお花見に訪れ、
約800本の夜桜がぼんぼりでライトアップ。

❻ 高田城址公園 (→p.130B3)
新潟県上越市
🌸 見頃：4月上旬～中旬
日本三大夜桜のひとつで約4000本が咲き誇る、
ライトアップした「さくらロード」は人気が高い。

❼ 高遠城址公園 (→p.111C2)
長野県伊那市
🌸 見頃：4月上旬～中旬
「日本100名城」に認定されている高遠城には、
タカトオコヒガンザクラが約1500本ある。

❽ 大法師公園 (→p.99B2)
山梨県富士川町
🌸 見頃：3月下旬～4月上旬
約2000本の桜が咲き、夜はライトアップされる。
公園からは甲府盆地や富士山、八ヶ岳が一望。

伝統の春祭り

❶ 山田の春祭り (→p.63)
埼玉県秩父市
🏮 3月第2日曜／恒持神社
江戸時代後期に作られた屋台2台と明治初期の
笠鉾1台が曳きまわされる恒持神社例大祭。

❷ かつうらビッグひな祭り (→p.55B2)
千葉県勝浦市
🏮 2月下旬～3月上旬／遠見岬神社・中央商店街周辺
市内各所に約3万体のひな人形が飾られ、
遠見岬神社の階段には約1800体が並べられる。

❸ 三社祭 (→p.27B2)
東京都台東区
🏮 5月第3金～日／浅草神社
たくさんの神輿が地域内を練りまわり、
毎年約180万人もの観光客を集めている。

❹ 鎌倉まつり (→p.41C2)
神奈川県鎌倉市
🏮 4月第2日曜～第3日曜／鶴岡八幡宮ほか
静御前の舞を再現する「静の舞」や「流鏑馬」、
武者行列が練り歩き、古都鎌倉を華やかに彩る。

❺ 能生白山神社 春季大祭 (→p.130A3)
新潟県糸魚川市
🏮 4月24日／能生白山神社
室町時代の中頃に大阪四天王寺から伝承され、
「陵王の舞」は圧巻。国の重要無形民俗文化財。

❻ 武田二十四将騎馬行列 (→p.99C2)
山梨県甲府市
🏮 4月12日／武田神社～遊亀公園
信玄公の命日に武田神社例大祭と併せて行われ、
風林火山の旗をはためかせた鎧姿の騎馬行列は圧巻。

❼ 御柱祭 (→p.111C2)
長野県諏訪湖周辺 🏮 4月～5月／諏訪大社上社・下社
4月の「山出し」と5月の「里曳き」にわかれて行う勇壮で熱狂的な祭り。
「木落し坂」は勇敢な男たちの最大の見せ場。※寅と申の年に開催。

フラワーパーク・植物園

❶ あしかがフラワーパーク (→p.79C3)
栃木県足利市
🌼 見どころ 四季折々の「8つの花のステージ」
うすべに藤、むらさき藤、白藤、きばな藤など
開花をずらしながら、季節感あふれる演出。

❷ 国営ひたち海浜公園 (→p.69)
茨城県ひたちなか市
🌼 見どころ 春のネモフィラと秋のコキア
面積は約200haと広大で、大規模な花畑があり、
四季折々、訪れる人々の目を楽しませてくれる。

❸ つつじが岡公園 (→p.89D3)
群馬県館林市
🌼 見どころ 4月中旬～5月上旬のつつじ
世界一のつつじの公園で、樹齢800年を超える
ヤマツツジや高さ4mのつつじ巨樹群がある。

❹ 川口市立グリーンセンター (→p.59E3)
埼玉県川口市
🌼 見どころ 八角形が印象的な大温室
日本の都市公園100選に選定されている植物園で、
つつじ山、ロックガーデン、菖蒲園などがある。

❺ バラクライングリッシュガーデン (→p.127D4)
長野県茅野市
🌼 見どころ バラクラの象徴であるオールドローズ
本格的な英国庭園で5000種類以上の
植物コレクションは1年を通じて楽しめる。

❻ 神代植物公園 (→p.15D2)
東京都調布市
🌼 見どころ 春と秋のバラフェスタ
約4800種10万株の植物が植えられ、
梅や桜の名所としても知られている。

❼ くりはま花の国 (→p.41C3)
神奈川県横須賀市
🌼 見どころ 春のポピー
ハーブ園では80種約8000株があり、
ハーブの香りを楽しめる無料の足湯も人気。

❽ 新潟県立植物園 (→p.131D2)
新潟県新潟市
🌼 見どころ 花と緑のステージ
高さ30m、直径42mの熱帯植物ドームの中は、
ジャングルのようで、落差15mの滝もある。

❾ ハイジの村 (→p.99B1)
山梨県北杜市
🌼 見どころ アルプスの少女ハイジの世界
長いバラの回廊や「ハイジのテーマ館」、
ウエディングができる花の教会がある。

バラの回廊

6～8月 夏の旅

梅雨空も明け、待ちに待った夏。涼しさを求めて海岸や山間の滝に足を運び、日中の強い陽射しを忘れて、花火大会や夏祭りに出かけてみるのも良い。

② 袋田の滝

凡例

⛱	快水（海水）浴場百選 出典：環境省
━━━	アジサイの開花前線 出典：気象庁（1991～2020年の平均）
🌸6月5日	各都市のアジサイの開花日 出典：気象庁（平年値）
━━━	高速道路
━━━	新幹線
━━━	JR線
-------	都県境
●	都庁・県庁所在地

日本海

二ツ亀

瀬波温泉
新潟 🌸6月23日
⑥

6月30日

番神・西番神

北陸自動車道

関越自動車道
上信越自動車道

①

6月30日
長野 ⑥

北陸新幹線

⑥

7

3

🌸6月16日
前橋
③

北関東自動車道

② 宇都宮
① 6月22日
水戸
② 6月20日
6月20日

伊師浜 6月20日
河原子
水木
大洗サンビーチ

8

熊谷
🌸6月12日
②

常磐自動車道

6月22日
甲府
⑦

中部横断自動車道

中央自動車道

4

③

さいたま
6月10日

⑤

8

東名高速道路

東京
🌸6月5日

⑤

横浜
⑤ 🌸6月12日

4

千葉

4

波崎

銚子
🌸6月14日

館山自動車道
東関東自動車道

東海道新幹線

駿河湾

相模湾

和田浦

守谷

太平洋

▲快水（海水）浴場百選「守谷海水浴場」
写真提供：千葉県観光物産協会

○COLUMN

七夕の伝説 ●

中国の昔話では、天帝の娘で機織りの上手な織姫と、天で牛追いをする働き者の夏彦は、結婚を認められた。楽しい夫婦生活におぼれて、働かなくなった二人は天帝の怒りを買い、天の川を隔てて引き離された。しかし、天帝は年に1度の7月7日だけ会うことを許した。織姫星はこと座のベガ、夏彦星はわし座のアルタイルである。

訪れたい名瀑

① 華厳滝（→p.74B2）
栃木県日光市
（規模）高さ97m
滝壺の近くの観爆台までエレベーターで降りて、豪快な水しぶきを間近で見ることができる。

② 袋田の滝（→p.67B1）
茨城県大子町
（規模）高さ120m[4段]・幅73m
「花もみち 経緯にして 山姫の 錦織出す 袋田の瀧」とその昔、西行法師がこの地を訪れて詠んだ。

③ 吹割の滝（→p.89C2）
群馬県沼田市
（規模）高さ7m・幅30m
片品川の清流が岩質の軟らかい部分を侵食し、多数の割れ目を生じた天然記念物の滝。

④ 丸神の滝（→p.58B2）
埼玉県小鹿野町
（規模）高さ76m[3段]
新緑や紅葉など、四季折々の自然が楽しめる約1.5kmの遊歩道が整備されている。

⑤ 洒水の滝（→p.40A2）
神奈川県山北町
（規模）高さ114m[3段]
一の滝は69m、二の滝は16m、三の滝は29mで鎌倉時代には名僧文覚上人が荒行を積んだ滝。

⑥ 苗名滝（→p.132A2）
新潟県妙高市
（規模）高さ55m
春の雪解けと紅葉のときが散策にぴったりで、遊歩道があり徒歩15分ほどで到達できる。

⑦ 米子大瀑布（→p.109B2）
長野県須坂市 ※冬期閉鎖（11月下旬～5月下旬頃）
（規模）不動滝の高さ89m、権現滝の高さ85m
二つの滝の総称で、不動滝は柔らかな扇状にひろがる霧状の滝だが、権現滝は豪快に落ちる滝。

⑧ 北精進ヶ滝（→p.98B2）
山梨県北杜市
（規模）高さ121m
石空川の上流に位置する東日本最大の名瀑で、目の前の山から流れ落ちる滝は見る人を圧倒。

① 長岡まつり大花火大会（→p.131C3）
新潟県長岡市 ※8月2・3日／2万発（2日間の合計）
長岡空襲から戦後復興を願って行われる長岡まつりの花火大会。慰霊のために打ち上げられる伝統の正三尺玉は必見。

花火大会

② 古河花火大会（→p.66A2）
茨城県古河市
※8月第1土曜／2万5千発
大迫力の三尺玉やワイドスターマイン、花火と音楽が共演するスターマインなど見応え十分。

③ 高崎まつり大花火大会（→p.89B3）
群馬県高崎市
※8月下旬／1万5千発
通常は約2時間をかける1万5千発の花火を約50分で打ち上げるスピード感が特徴。

④ みなとみらいスマートフェスティバル（→p.41C2）
神奈川県横浜市
※7月31日前後／2万発
夜を彩る花火と大道芸パフォーマンスなど、横浜の魅力を広く発信するイベント。

⑤ 隅田川花火大会（→p.23C1）
東京都隅田川沿い
※7月最終土曜／2万発（第一・第二会場の合計）
1733（享保18）年に始まった両国の花火大会がルーツとされ、毎年100万人の人出でにぎわう。

⑥ 諏訪湖祭湖上花火大会（→p.111C1）
長野県諏訪市
※8月15日／4万発
湖上ならではの水上大スターマインが人気で、約50万人が訪れる信州を代表する花火大会。

⑦ 神明の花火大会（→p.99B2）
山梨県市川三郷町
※8月7日／2万発
江戸時代には日本三大花火の一つとされた花火大会で、1989年に復活した。

伝統の夏祭り

①山あげ祭（→p.75C2）
栃木県那須烏山市
（祭）7月第4金・土・日曜／八雲神社
幅7m、高さ10m以上、奥行き100mに及ぶ、巨大な野外演舞場で歌舞伎舞踊が演じられる。

②桐生八木節まつり（→p.89C3）
群馬県桐生市
（祭）8月第1金～日曜／桐生市中心部
八木節おどり、みこし渡御、パレードなど多彩なイベントが行われる桐生市最大の祭り。

③川越百万灯夏まつり（→p.61）
埼玉県川越市
（祭）7月最後の土・日曜／本川越駅前～周辺商店街
江戸時代末、藩主松平斉典の徳をしのび、軒先に切子灯ろうを掲げたことが始まり。

④成田祇園祭（→p.53B2）
千葉県成田市
（祭）7月7・8・9日に直近の金・土・日曜／成田山新勝寺
「大日如来」に五穀豊穣・万民豊楽などを祈願し、装飾で彩られた10台の山車や屋台が繰り出す。

⑤湘南ひらつか七夕まつり（→p.41B2）
神奈川県平塚市
（祭）7月第1金曜から3日間／平塚駅北側の商店街
中心街には約500本、特にメイン会場では、絢爛豪華な七夕飾りが通りを埋め尽くす。

⑥新潟まつり（→p.131D2）
新潟県新潟市
（祭）8月3日以降の最初の金・土・日曜／新潟市中心部
新潟市の住吉祭、商工祭、川開き、開港記念祭が1955年に一つになって始まった。

⑦龍神まつり（→p.109C3）
長野県御代田町
（祭）7月最終土曜／真楽寺、しなの鉄道御代田駅前、龍神の杜公園
太鼓や爆竹の音が響きわたり全長45mの甲賀三郎龍伝説の「龍神の舞」が見どころ。

⑧吉田の火祭り（→p.99D3）
山梨県富士吉田市
（祭）8月26・27日／北口本宮冨士浅間神社と諏訪神社
約3mの大松明70余本に火が灯される奇祭で、街中は炎に照らし出され深夜まで賑わう。

▲第45回観光風景写真コンクール作品
写真提供：平塚市観光協会

9～11月 秋の旅

木々の葉が、鮮やかな色彩をまとう秋。秋空に群れる赤トンボを眺めながら、秋の実りを収穫するもよし、紅葉の名所近くの温泉地に足を延ばしてみるのも極上の幸せ。

⑦弥彦公園 もみじ谷

凡例

	人気のキャンプ場
	紅葉前線 出典：気象庁（1991～2020年の平均）
🌸11月28日	各都市のカエデの紅葉日 出典：気象庁（平年値）
	高速道路
	新幹線
	JR線
	都県境
●	都庁・県庁所在地

日本海

新潟県立紫雲寺記念公園オートキャンプ場
🌸11月15日 新潟
⑦

北陸自動車道
関越自動車道

🌸11月12日 長野

群馬みなかみ
ほうだいぎキャンプ場

▲群馬みなかみほうだいぎキャンプ場
写真提供：観光ぐんま写真館

11月20日

⑥

③ 前橋 12月8日
③

ACNサンタヒルズ
オートキャンプ那珂川ステーション
宇都宮 御前山青少年旅行村
🌸11月20日

城里町総合野外活動センター
「ふれあいの里」

松原湖高原
オートキャンプ場 まほーばの森
③
北関東自動車道
小黒川渓谷キャンプ場
中央自動車道
ゲンナーヂ・ファミリー・ビレッジ
入川渓谷夕暮キャンプ場
④ 熊谷
12月1日
② ②② 水戸
🌸11月20日

⑦ コテージ森林村
🌸11月29日 甲府
⑧
音久和
キャンプ場
④ さいたま
⑥ ⑦
① 11月30日

⑧
PICA富士西湖
花の森
オートキャンピア
⑥ 東京 ⑤
🌸11月28日
④
12月10日

東名高速道路
なみのこ村
横浜 千葉
🌸12月14日
⑤

駿河湾
相模湾
⑤
九十九里浜シーサイド
オートキャンプ場
銚子
🌸12月12日

太平洋

○COLUMN

天高く馬肥ゆる秋？

空は澄み、馬が食欲を増して肥えてたくましくなる、という秋を代表する言葉。唐の詩人・杜審言（としんげん）の漢書を原典とするこの故事の元々の意味は、夏に草をたくさん食べて強くなった馬に、北方の騎馬遊牧民族・匈奴が乗り、秋の収穫物を略奪するために攻め込んでくる、という中国北西部の警告である。

紅葉の名所

❶ 日光いろは坂（→p.77）

栃木県日光市

☀ 見頃：10月上旬〜下旬

下りの第一いろは坂と、上りの第二いろは坂には、48ヶ所のカーブがあり、車中から紅葉を楽しめる。

❷ 筑波山（→p.70）

茨城県つくば市

☀ 見頃：11月上旬〜下旬

山頂から御幸ヶ原にかけて落葉紅葉樹が多く、11月頃は「筑波山もみじまつり」が行われる。

❸ 伊香保温泉（→p.91）

群馬県渋川市

☀ 見頃：10月下旬〜11月中旬

伊香保温泉湯元にある朱塗りの河鹿橋周辺は、素晴らしい紅葉を楽しむことができる。

❹ 長瀞（→p.63）

埼玉県長瀞町

☀ 見頃：11月中旬〜下旬

長瀞ライン下りで紅葉をゆったりと楽しめ、「月の石もみじ公園」ではライトアップされる。

❺ 養老渓谷（→p.53B3）

千葉県市原市／大多喜町

☀ 見頃：11月下旬〜12月上旬

渓谷に添って整備された遊歩道から紅葉が楽しめ、見ごろの時期の夜間はライトアップされる。

❻ 高尾山（→p.14B2）

東京都八王子市

☀ 見頃：11月中旬〜12月上旬

ケーブルカーの終点から徒歩で山頂まで登る。1967年に「明治の森高尾国定公園」に指定。

❼ 弥彦公園（→p.131C2）

新潟県弥彦村

☀ 見頃：10月下旬〜11月中旬

観月橋や浅尾池などが配された「もみじ谷」は、弥彦駅からも近く気軽に立ち寄れる。

❽ 御岳昇仙峡（→p.99C2）

山梨県甲府市

☀ 見頃：10月中旬〜11月下旬

日本一の渓谷美といわれた国の特別名勝で、奇岩がいくつもあり紅葉とのコントラストが絶景。

伝統の秋祭り

❶ 日光東照宮 秋季大祭（→p.77）

栃木県日光市

🏮 10月16・17日／日光東照宮

徳川家康公の神霊を駿府久能山から日光へ改葬を再現した「百物揃千人武者行列」が行われる。

❷ タバンカ祭（→p.66A2）

茨城県下妻市

🏮 9月第1土曜／大宝八幡宮

夜7時頃、白装束の青年氏子たちが、御神火の松明を持ち境内を駆け回る。

❸ 桐生えびす講（→p.97B1）

群馬県桐生市

🏮 11月19・20日／桐生西宮神社

奉納行事として神楽、えびす太鼓、福まき、からくり人形芝居が上演される。

❹ 佐原の大祭[秋祭り]（→p.56）

千葉県香取市

🏮 10月第2金〜日曜／諏訪神社・佐原駅南部

高さ5mにも及ぶ人形山車は当地独特で、300年以上の歴史があり文化財的価値も高い。

❺ 鶴岡八幡宮 例大祭（→p.41C2）

神奈川県鎌倉市

🏮 9月14〜16日／鶴岡八幡宮

800年以上の歴史と伝統が現在に伝えられ、1年を通して最も重要な祭事。

❻ 真田十万石まつり（→p.109B2）

長野県長野市

🏮 10月第2土・日曜／松代城本丸

松代城跡から武士や姫様に扮した250人余りの「松代藩真田十万石行列」が町内を練り歩く。

Pickup

❼ 川越まつり（→p.61）

埼玉県川越市　🏮 10月第3日曜とその前日／氷川神社・川越市街地

威勢の良いかけ声があがり、山車同士が出会うとお囃子と踊りの競演を行う350年以上続く祭り。国指定重要無形民族文化財。

秋の味覚を楽しむ

❶ 栗拾い（→p.66B2）

茨城県かすみがうら市

（収穫時期）9月上旬〜10月下旬

茨城県は恵まれた立地で日本一の栗の産地。かすみがうら市には多くの観光農園がある。

❷ 柿狩り（→p.66B2）

茨城県石岡市

（収穫時期）9月下旬〜11月下旬

筑波山の麓に広がる石岡市の八郷地区は、柿の産地で皇室への献上品にもなっている。

❸ みかん狩り（→p.89C3）

群馬県藤岡市

（収穫時期）10月下旬〜12月中旬

みかんは暖かい土地のものが有名だが、三波川地区では日本の北限地をめざしている。

❹ さつまいも掘り（→p.59D3）

埼玉県川越市

（収穫時期）9月中旬〜11月上旬

川越いもは「栗より美味い十三里半」と言われ、妙善寺には「川越さつまいも地蔵尊」がある。

❺ 梨狩り（→p.52A2）

千葉県市川市〜鎌ヶ谷市

（収穫時期）9月中旬〜10月上旬

市川市の大町周辺には、梨園や直売所が多く、国道464号沿いは「梨街道」と呼ばれている。

❻ 稲刈り体験（→p.131D3）

新潟県魚沼市

（収穫時期）9月中旬〜10月上旬

高級ブランドである魚沼産のコシヒカリを実際にその手で収穫することができる。

❼ りんご狩り（→p.111B2）

長野県松川町

（収穫時期）8月上旬〜12月中旬

伊那谷特有の広大な段丘と山麓の扇状地の町で、水はけや陽当たりにも恵まれ、果樹農園も多い。

❽ ぶどう狩り（→p.99C2）

山梨県甲州市

（収穫時期）8月上旬〜11月上旬

勝沼はぶどう狩りができる農園が100軒以上もあり、シーズン中には多くの観光客でにぎわう。

❺ 千葉県の梨狩り。
写真提供：千葉県観光物産協会

❽ 山梨県を代表する果実といえばぶどう。

冬の旅

12〜2月

山間部では純白の雪景色がまぶしい冬。首を縮めたくなる寒風の中で行われる伝統行事や、人々の暮らしに深く根付いたこの季節ならではのイベントに参加しよう。

❻ 信州飯山 かまくらの里
写真提供：信州いいやま観光局

温泉がある
人気のスキー場

梅の開花前線
出典：気象庁（1991〜2020年の平均）

🌸 1月22日 各都市の梅の開花日
出典：気象庁（平年値）

━━━━━━ 高速道路
━・━・━ 新幹線
───── JR線
- - - - - 都県境
● 都庁・県庁所在地

日本海

🌸3月11日
新潟 ❺

3月31日

北志賀高原よませ温泉

北陸自動車道

赤倉温泉
池の平温泉
妙高高原関温泉

❹ 野沢温泉 ❻

水上高原藤原
丸沼高原
日光湯元
ハンターマウンテン塩原

白馬乗鞍温泉
🌸3月18日
長野 ❻

❺ 苗場

乗鞍高原温泉

草津温泉

草津温泉スキー場

❸ 前橋 🌸2月6日
北関東自動車道

2月28日

宇都宮
🌸2月10日

❷

❸ 熊谷
🌸2月12日

❶

🌸2月24日
甲府

中央自動車道

さいたま

水戸
🌸2月3日

常磐自動車道

❼

東京
🌸1月22日

❹

1月31日

東名高速道路

千葉
🌸2月1日

銚子
🌸1月20日

❹ 横浜
1月13日 ❺

館山自動車道

相模湾

駿河湾

太平洋

▲草津温泉スキー場

○COLUMN

こたつの始まり

室町時代には、囲炉裏（いろり）の上にやぐらを組み、布団を掛けたものだった。江戸時代以降は、木炭や練炭を熱源に用い、武家では「亥（い）の月亥の日」から火鉢やこたつを出す習慣があった。昭和になり赤外線の電気こたつが販売され、当初は白色の光だったが、温かいイメージの赤色を付けたことで販売数が伸びるようになった。

雪と氷の祭典

①湯西川温泉 かまくら祭 (→p.74B2)
栃木県日光市
（開催時期）1月下旬～2月下旬／湯西川温泉街
河川敷に並ぶミニかまくらにローソクの火が灯され、かまくらの中でのバーベキューが楽しめる。

②老神温泉雪ほたる (→p.89C2)
群馬県沼田市
（開催時期）1月～2月の土曜と祝前日／老神温泉街
雪の中に炎が揺らめくキャンドルを灯し、その幻想的な光景が「雪ほたる」と呼ばれている。

③浅間高原雪合戦 (→p.88B3)
群馬県長野原町
（開催時期）2月上旬の土・日曜／北軽井沢グラウンド
1チーム7人で戦う本格的な雪合戦で、小学生、レディース、一般の部に分かれて行われる。

④灯の回廊 (→p.132A1)
新潟県上越市（東頸地区）
（開催時期）2月下旬の土曜／安塚区・大島区・浦川原区・牧区など
集落と集落を雪とキャンドルでつなぎ合わせ、沿道には「雪茶屋」も設置される雪灯りイベント。

⑤雪原カーニバルなかさと (→p.130C3)
新潟県十日町市
（開催時期）3月第2土曜／清津川フレッシュパーク
誰でも参加できる約2万本のスノーキャンドルの点灯は必見！花火や地元の出店も楽しめる。

⑥信州飯山 かまくらの里 (→p.109B2)
長野県飯山市
（開催時期）1月下旬～2月下旬／信濃平
全国有数の豪雪地帯である信濃平に、20基以上のかまくらが並び、中で「のろし鍋」が味わえる。

⑦木曽路 氷雪の灯祭り (→p.110B2)
長野県木曽路の宿場と木曽御岳山麓
（開催時期）1月下旬～2月中旬／木曽路の宿場
地区ごとに開催日が異なり、木曽路の各宿場を、アイスキャンドルで彩る統一イベント。

⑧ダイヤモンド富士ウィークス (→p.99D3)
山梨県山中湖村
（開催時期）2月1～22日／山中薬師～旭日丘湖畔緑地公園浜
冬場に見ることのできる「ダイヤモンド富士」と山中湖畔をアイスキャンドルや冬花火で彩る。

Pickup
①東京ドイツ村イルミネーション (→p.53B3)
千葉県袖ケ浦市　❄11月上旬～4月上旬／東京ドイツ村
巨大な地上イルミネーションや光と音のショーなど、毎年テーマを変えて電飾やオブジェを設置する。使用するLEDや電球は約300万球。

冬の風物詩

②あしかがフラワーパークイルミネーション (→p.79C3)
栃木県足利市
❄10月中旬～2月中旬／あしかがフラワーパーク
「日本夜景遺産」関東三大イルミネーションの一つ、広大な園内に約500万球の光が輝く。

③榛名湖イルミネーション (→p.89B3)
群馬県高崎市
❄12月中旬～下旬／榛名湖畔店舗前周辺
クリスマスツリーや光のトンネル、国内最大級のレーザーシステムによる光のショーも行われる。

④湘南の宝石 (→p.47)
神奈川県藤沢市
❄11月下旬～2月下旬(シーキャンドルライトアップ)／江の島
江の島シーキャンドルライトアップを中心とした、江の島島内や片瀬海岸エリアの光のフェスティバル。

⑤瓢湖の白鳥 (→p.131D2)
新潟県阿賀野市
❄10月中旬～3月下旬／瓢湖
2008年にラムサール条約に登録された瓢湖には、約5000羽の白鳥が越冬のためシベリアから飛来。

⑥ニホンザルの温泉入浴 (→p.109B2)
長野県山ノ内町
❄通年／地獄谷野猿公苑
専用の温泉で、気持ち良さそうに入浴しているニホンザルの生態を間近で観察できる。

⑦河口湖冬花火 (→p.99D2)
山梨県富士河口湖町
❄1月中旬～2月中旬の土・日曜と富士山の日／大池公園ほか
冬の夜空を彩る湖上の打上げ花火のあとは、冷えた身体を温泉で温めるのもおすすめ。

伝統の冬祭り

①提灯竿もみまつり (→p.66A2)
茨城県古河市
（祭）12月第1土曜／古河駅西口特設会場
各団体が20m近い竹竿の先につけた提灯を激しく揉み合いながら相手の提灯の火を消し合う。

②昭和元三大師節分会(鬼法楽) (→p.89C2)
群馬県昭和村
（祭）2月3日／遍照寺
3匹の鬼を追い払って開運を祈る「鬼踊り」や無病息災を願う「福豆撒」などが行われる。

③秩父夜祭 (→p.63)
埼玉県秩父市
（祭）12月2・3日／秩父神社
豪華絢爛な笠鉾、美しい屋台の曳きまわし、屋台芝居が行われ、秩父囃子が花を添える。

④ヂンガラ餅行事 (→p.52A2)
千葉県流山市
（祭）1月第2日曜／三輪茂侶神社
8升の神酒、8種類の具の入った芋汁と上台3升、下台5升の巨大な餅を供える。

⑤チャッキラコ (→p.41C3)
神奈川県三浦市
（祭）1月15日／海南神社
仲崎と花暮地区に伝わる女子の小正月の行事で、5歳から12歳までの少女が晴れ着姿で舞い踊る。

⑥雪中花水祝 (→p.133B1)
新潟県魚沼市
（祭）2月11日／八幡宮
花婿が真冬に御神水を頭から掛けてもらい、子宝や夫婦和合を願う魚沼市の堀之内の伝統行事。

⑦坂部の冬祭り (→p.111B3)
長野県天龍村
（祭）1月4・5日／大森山諏訪神社
日暮れ時に神輿の行列が、境内の大松明の周りを伊勢音頭を歌いながら練り回り、神子の舞が始まる。

⑧一之酉祭典 (→p.99B2)
山梨県市川三郷町
（祭）2月第1日曜／表門神社
約1000年余りの歴史を誇る祭典で、甲府盆地に春を告げる祭りとして親しまれている。

①関東の奇祭の一つ「提灯竿もみまつり」
写真提供：古河市

⑥1874年廃止以来、復活した「雪中花水祝」
写真提供：新潟県観光協会

東京

経済や文化の中心である首都東京。下町の伝統が息づく浅草や柴又があり、最先端のトレンドに触れられる渋谷や六本木もある。奥多摩や高尾山では大自然に癒される。東京は多彩な魅力を持つ街だ。

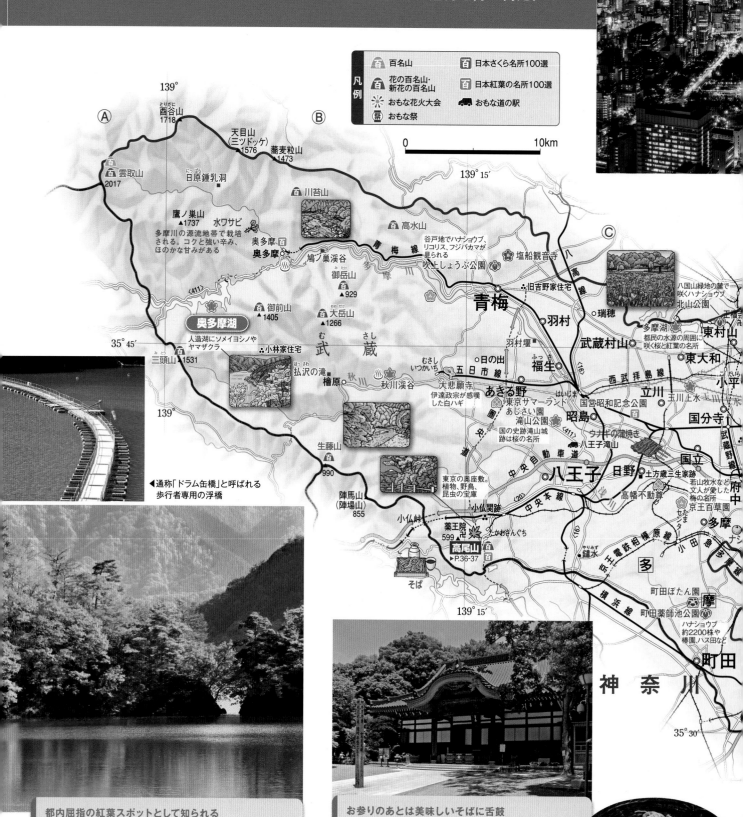

凡例

百名山		日本さくら名所100選	
花の百名山・新花の百名山		日本紅葉の名所100選	
おもな花火大会		おもな道の駅	
おもな祭			

0　　　10km

139°

西谷山
1718

天目山
(三ツドッケ)
1576
蕎麦粒山
1473

雲取山
2017

日原鍾乳洞

川苔山

高水山

塩船観音寺

鷹ノ巣山
1737

水ワサビ
多摩川の源流地帯で栽培される。コクと強い辛み、ほのかな甘みがある

奥多摩
奥多摩

鳩ノ巣渓谷

御岳山
929

青梅線

吹上しょうぶ公園

旧吉野家住宅

青梅

八国山緑地の麓に咲くハナショウブ
北山公園

羽村

瑞穂

多摩湖
都民の水源の周囲に咲く桜と紅葉の名所

東村山

御前山
1405

大岳山
1266

武蔵村山

羽村堰

武蔵

東大和

奥多摩湖
人造湖にソメイヨシノやヤマザクラ

小林家住宅

日の出

五日市線

福生

西武拝島線

立川

小平

35°45′

三頭山
1531

払沢の滝
檜原

秋川

秋川渓谷

あきる野

東京サマーランド

昭島

国分寺

国立

国営昭和記念公園

玉川上水

武蔵野線

139°

大悲願寺
伊達政宗が感嘆した白ハギ

あじさい公園
滝山公園

国の史跡滝山城跡は桜の名所

八王子滝山

八王子

日野

土方歳三生家跡

若山牧水など文人が愛した梅の名所
都立百草園

◀通称「ドラム缶橋」と呼ばれる
歩行者専用の浮橋

生藤山
990

陣馬山
(陣馬山)
855

小仏峠

小仏関跡

中央自動車道

中央本線

ウナギの蒲焼き

府中

多摩

東京の奥座敷。植物、野鳥、昆虫の宝庫

高幡不動

京王電鉄相模原線

薬王院
599

高尾山
P.36-37

たかおさんぐち

そば

町田ぼたん園

町田薬師池公園

ハナショウブ約2200株や椿園、ハス田など

横浜線

139°15′

町田

神奈川

35°30′

都内屈指の紅葉スポットとして知られる

奥多摩湖 奥多摩町

桜や新緑もすばらしいが、澄んだ湖面が色鮮やかに染まる秋の紅葉シーズンは圧巻。周辺には温泉や史跡、懐かしい雰囲気を残す古い家並みもあり、都心から気軽に行ける自然豊かなスポットとして人気だ。

お参りのあとは美味しいそばに舌鼓

深大寺 調布市

厄除けのほか、縁結びの寺としても知られる関東でも屈指の古刹。この辺りでは古くからそばづくりが盛んで、名物の深大寺そばを求めて多くの食通が訪れる。寺の釈迦如来倚像（白鳳仏）は国宝。

▲手打ちそば湧水（調布市）

東京タワーと東京

たびごよみ		
3月上旬 深大寺だるま市(D2) 3月下旬 小金井桜まつり (小金井公園 D2) 4月〜5月上旬 くらやみ祭 (大國魂神社 C2)	5月中旬 神田祭(神田明神 E2) 三社祭(浅草神社 E2) 5月 神代植物公園 春のバラフェスタ(D2)	7月下旬 隅田川花火大会(E2) 立川まつり国営昭和記念 公園花火大会(C2) 9月中旬 浅草サンバカーニバル(E2)

新しい文化やトレンドを発信
六本木ヒルズ 港区

「文化都心」をコンセプトに、オフィス、ショップ、レストラン、映画館、美術館などが集まる複合施設。「毛利庭園」は、かつてこの地にあった大名庭園を復活させた人気の散策スポットだ。

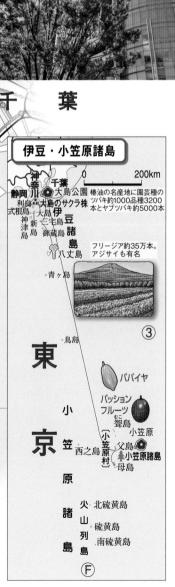

伊豆・小笠原諸島

0 200km

椿油の名産地に園芸種のツバキ約1000品種3200本とヤブツバキ約5000本

フリージア約35万本。アジサイも有名

味覚探訪
たびぐるめ

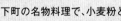

◆ もんじゃ焼き
東京下町の名物料理で、小麦粉とソースを薄く溶いたものを焼く。中央区の月島は、もんじゃの街として有名だ。

◆ 江戸前寿司
にぎり寿司を中心とした江戸前寿司ができたのは江戸時代。昔は生ではなく、醤油漬けや酢〆にして食べた。

◆ 深川丼
もとは、ネギとあさりを味噌で煮込み、ご飯にかけて食べる漁師料理。今では炊き込みの深川めしも人気だ。

15 東京

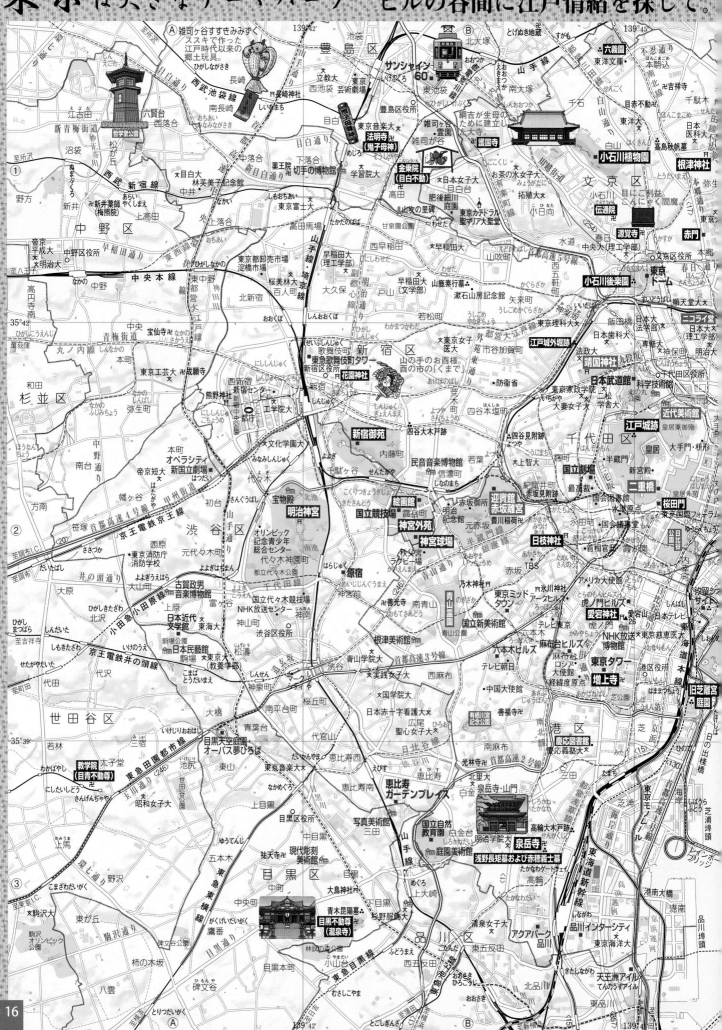

江戸小紋

江戸時代は武士の裃の柄として発達。この種鮫は紀州家の定柄。精巧で細密な型紙は江戸小紋の真髄。

139°51'

荒川区

葛飾区

東小岩

西新小岩

新小岩

しんこいわ

みかわしま

常磐線

小塚原刑場跡

南千住

木戸街道

四ツ木

東四つ木

墨田区

荒川

永久寺(目黄不動)

東日暮里

三ノ輪

日本堤

平賀源内墓

清川

白鬚橋

東武スカイツリーライン

京成押上線

八広

中川水門

江戸川区役所

全生庵

谷中霊園

台東区

根岸

竜泉

浅草

向島百花園

東向島

京成曳舟

明治通り

京島

新中川

松島

東武博物館

平井大橋

平井

国立博物館

入谷鬼子母神

浅草神社

浅草寺

隅田公園

東京スカイツリー

最勝寺(目黄不動)

新小松川橋

荒川大橋

至船橋

東京芸大
東京都美術館

上野動物園

東照宮
上野公園

国立西洋美術館

西郷隆盛銅像

源空寺
(伊能忠敬)

つくばエクスプレス

雷門

牛のり天神
(亀戸張り子)

江戸時代から続く
参拝記念みやげ。

亀戸天神

東武亀戸線

おしあげ

文花

立花

ひがしあずま

ひらい

小松川

35°42'

神田神社
(神田明神)

東京科学大
湯島聖堂

たばこと
塩の博物館

墨田区役所

郵政博物館

業平

東駒形

太田道灌墓

亀戸

江戸川区

総武本線

両国

国技館

江戸東京博物館

錦糸公園

きんしちょう

亀戸

〈14〉

大島

東西小松川
公園

日銀本店

東京
証券取引所

水天宮

清澄

蔵前橋通り

猿江恩賜公園

すみよし

首都高速7号線

都営新宿線

おおじま

東京駅

四日本橋

京橋

八丁堀

深川芭蕉庵跡

清澄庭園

昭和伊庭屋

松平定信墓

深川江戸資料館

佐賀左右衛門屋敷跡

東京都
現代美術館

木場
木場公園

木場の角乗り

伝統芸能「角乗り」が
毎年10月に行われる。

中川船番所資料館

小名木川にあった
船番所の様子を再現。

北砂

南砂

江東区役所

船堀橋

首都高速中央環状線

宇喜田町

北葛西

西葛西

中央区

銀座
歌舞伎座

日新橋横浜間
鉄道創設起点跡

築地

築地本願寺

聖路加
国際大

天安

住吉神社

大川端
リバーシティ21

えっちゅうじま

深川不動尊

富岡八幡

伊能忠敬像

江東区

東陽

とうようちょう

永代通り

清砂大橋

東京湾マリーナ

東京国際郵便局

砂町水再生センター

新砂

清新町

みなみすなまち

東西線

にしかさい

至西船橋

浜離宮
庭園

佃島・天安

勝どき

月島

春海橋

1837年から続く老舗。
佃島漁師伝統の味。

芝浦工大

塩浜

しおみ

アーバンドック
ららぽーと豊洲

越中島貨物駅

しおみ

夢の島
大橋

貯木場

東京中央卸売市場
葛西市場

葛西水再生センター

かつては鷹狩場で
ボタン園のある大名庭園。

晴海

がすてなーに
ガスの科学館

豊洲

枝川

潮見

夢の島マリーナ

夢の島熱帯植物館

夢の島

東京アクアティック
センター

辰巳橋

辰巳の森
海浜公園

辰巳の森
緑道公園

夢の島
競技場

夢の島公園

東京湾岸道路

荒川湾岸橋

35°39'

葛西臨海公園

葛西臨海水族園

存在するのは第三、六
台場のみ。第三台場の
砲台場と本来の出入口。

豊洲埠頭公園

豊洲大橋

しんとよす

七枝橋

辰巳運河

辰巳水門

辰巳

新木場

砂町南運河

葛西水再生センター

かさいりんかい
こうえん

海浜公園

西なぎさ

東なぎさ

中央卸売市場
豊洲市場

有明アリーナ

新辰巳橋

東雲

しののめ

東京臨海高速鉄道りんかい線

新木場

京葉線

しんきば

貯木場

貯木場

お台場海浜公園

第三台場

第六台場
品川台場

有明コロシアム

有明スポーツ
センター

有明テニス
の森公園

有明

ありあけ

有明テニスのもり

有明

しののめ

武蔵野大
有明

東京国際展示場
(ビッグサイト)

水の科学館

とうきょう
ビッグサイト

有明埠頭橋

有明

貯木場

東京ヘリポート

東京国際展示場
(ビッグサイト)

ダイバーシティ
東京プラザ

イマーシブ・フォート東京

日本科学
未来館

船の科学館

東京国際クルーズ
ターミナル

フジテレビ
東京テレポート

ゆりかもめ

台場

とうきょうテレポート

あおみ

夢の大橋

若洲

若洲橋

若洲海浜公園

若洲ゴルフリンクス

東京港

139°48'

139°51'

E

0 ─────── 2000m

江戸城跡	江戸時代につくられたもの
靖国神社	明治時代につくられたもの
神宮外苑	大正時代につくられたもの

"桜の都" 東京

東京の桜は、江戸時代に3代将軍徳川家光が上野の寛永寺に吉野山（奈良県）のヤマザクラを移植させたことに始まる。また、隅田川堤や飛鳥山など、8代将軍吉宗が整備させた桜の名所も少なくない。これらは庶民に開放された娯楽の場であったとともに、当時度々発生した大火に備えるための防火帯でもあった。春に多くの見物客や花見客を集める東京の桜は、江戸時代から脈々と続く歴史に彩られている。

屋形船から見上げる東京スカイツリーと桜並木

① 隅田公園 東京都墨田区・台東区

隅田川の両岸にまたがる隅田公園は、約780本の桜が咲き誇る花見の名所。屋形船や水上バスから川と桜、スカイツリーが織りなす都市景観を楽しめるのは東京ならでは。

桜を楽しみながらカフェめぐり

② 目黒川 東京都目黒区など

護岸工事を記念して植えられた桜が両岸にずらりと並ぶ。約3.8kmにわたる桜を観賞しつつ、カフェで一服というのが目黒川の花見スタイル。

● COLUMN
桜餅の起源「長命寺桜もち」

墨田区向島で享保年間より続く老舗和菓子店が、桜餅発祥の店。焼いた餅皮で餡をくるむ関東風と蒸した餅で餡をくるむ関西風があるが、その起源はいずれも、この向島の桜もちであるという。

長命寺桜もち

シンボルは滝のように流れ落ちるシダレザクラ

③ 六義園 東京都文京区

六義園は、5代将軍綱吉に重用され、当時の幕政を主導した柳沢吉保が造営した大名庭園。高さ約15m幅約20mのシダレザクラが有名だ。

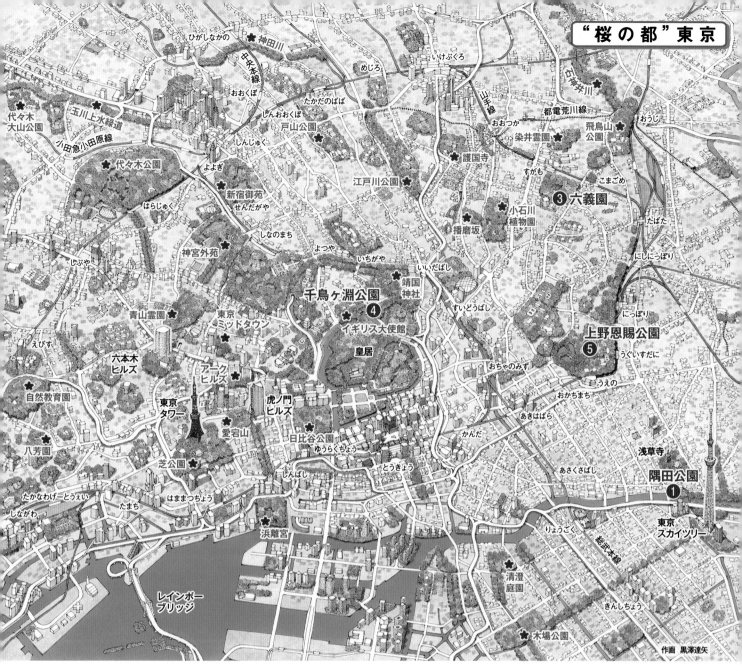

作画 黒澤達矢

都内最大約300万人の花見客が繰り出す名所

🌸 ❺ 上野恩賜公園 東京都台東区

上野恩賜公園の前身といえる寛永寺は徳川家の菩提寺である。上野戦争で彰義隊が立てこもり、伽藍は焼失したが、1873年に日本初の公園として公開された。約50種800本の桜の下、毎年賑やかな花見の宴が繰り広げられる。

歌川広重が描いた名所江戸百景「上野清水堂不忍ノ池」（1856年）

こんな話も 重箱を広げて飲み食いしながら桜を愛でる花見弁当の習慣は、江戸時代にはすでに定着していた。古典落語『長屋の花見』は、飛鳥山や上野の山を舞台にした花見弁当にまつわる滑稽な噺だ。

皇居の周囲は都心の桜ベルト地帯

🌸 ❹ 千鳥ヶ淵公園 東京都千代田区

皇居の堀の一つである千鳥ヶ淵の周囲は、千鳥ヶ淵公園や靖国神社など、見事な桜のベルト地帯となっている。これらの桜は、明治時代に靖国神社に植えられた桜が始まりというが、英国公使アーネスト・サトウが植え、後に東京市に寄贈された英国公使館前の桜も起源の一つとされる。イギリス大使館前には今も美しい桜並木がある。

靖国神社には東京都の桜開花日を決める標本木がある

自然と歴史が息づく
皇居周辺を歩く

かつて江戸城がそびえ、現在は豊かな自然が残る皇居東御苑をはじめ、開業100年を記念して当時の姿に復元された東京駅など、周辺には歴史的建造物が点在。時代を経てなお存在感を放つ歴史スポットを巡ってみよう。

江戸城本丸があった場所には天守台の石垣が残る

❶ 皇居東御苑

かつて江戸城があった場所を皇居付属庭園として整備し、1968（昭和43）年から一般に公開。昆虫・野鳥が生息する豊かな自然が広がり、近年は年間100万人以上の入園者がある。

現在の橋は1964（昭和39）年に架けられたもの

❷ 二重橋

奥に伏見櫓を望む二重橋は、皇居周辺屈指の人気スポット。手前に見える石造りの橋が二重橋と思われがちだが、じつはその奥にある鉄製の橋をさす。正式名は「皇居正門鉄橋」。

関東大震災で破損したが、のちに復元された

❸ 桜田門

幕末に大老・井伊直弼が暗殺された「桜田門外の変」の舞台として知られる。二つの門の間に設けられた広場である枡形は、現存するものでは最も規模の大きなものとされる。

春は桜、秋は紅葉が周辺を彩る

❹ 乾門

皇居から北西（乾）の方角にあることが名前の由来。坂下門から乾門へ抜ける乾通りは、2014年に天皇陛下の傘寿を記念して春と秋に一般公開を開始、毎年多くの見学者が訪れる。

丸の内 現代に息づく名建築

1894（明治27）年に丸の内初のオフィスビルとして登場した三菱一号館（❺）をはじめ、1914（大正3）年に開業した東京駅（❽）や戦後GHQに接収された明治生命館（❻）、現在は商業施設として生まれ変わったJPタワー（旧東京中央郵便局❼）など、日本の近代化を担ってきた建物が点在する丸の内周辺。当時の面影が残る建物を探してみよう。

❻ 明治生命館

❺ 三菱一号館
ジョサイア・コンドルの設計。2009年に復元された

❼ JPタワー

❽ 東京駅 丸の内駅舎
辰野金吾の設計。赤レンガの外観は、夜のライトアップも美しい。ドーム内には8つの干支と躍動感ある鷲のレリーフも再現

皇居周辺

皇居参観コース（事前申込制）

0 ─── 300m

東京スカイツリーと周辺の下町風情が残る街

最上部
634m

デジタル放送
アンテナ

自立電波管として634mという世界一の高さを誇る東京スカイツリー。足元に大型商業施設「東京ソラマチ®」と水族館、プラネタリウムを擁し、今や東京を代表するシンボルの一つとなった。一方で、その周辺は、今なお懐かしい情緒溢れる下町エリアでもある。

450m
天望回廊
「フロア450」

塔の断面図

350m
天望デッキ
「フロア350」

東京スカイツリー天望デッキ「フロア350」からの眺望 © TOKYO-SKYTREE

東京スカイツリータウン®探訪

東京スカイツリー
とうきょうスカイツリー駅
すみだ水族館
「東京ソラマチ」
押上(スカイツリー前)駅
東京スカイツリーイーストタワー
「東京ソラマチ」
プラネタリウム
北十間川

多彩な店舗が揃う「東京ソラマチ」

300以上の店舗からなる商業施設「東京ソラマチ」のほか、水族館やプラネタリウムまでが集まった名所。

① 東京スカイツリー

昔の技が今に活きる！

塔の制御構造は法隆寺の五重塔を手本にした「心柱制御」と呼ばれるもの。また、断面が下部の三角形から上部の円形へと変化するデザインは、日本の伝統建築に見られる「そり」(凹湾曲)、「むくり」(凸湾曲)を表現。最新施設にも和の美意識が活きている。

掘割と東京スカイツリー

江戸時代、大量の物資運搬のために、本所や深川などで多くの掘割が造られた。その名残が今も見られ、水面に映る「逆さスカイツリー」からは、過去と現在が交錯した街の魅力が感じられる。

② 北十間川から望む東京スカイツリー

下町散歩

亀戸天神社

歌川広重の浮世絵のモチーフとしても有名な亀戸天神社。しだれ咲く藤の花房の彼方に東京スカイツリーを望む。新旧の街のシンボルの見事な共演だ。東京一と称される藤の見頃（4月下旬から5月上旬）には露店も立ち並び、満開の藤とともに下町風情も楽しめる。

歌川広重
「名所江戸百景 亀戸天神境内」

③ 亀戸天神社とスカイツリー

東京スカイツリー×江戸切子

④ 江戸切子の体験工房ショップ
「すみだ江戸切子館」

江戸切子と東京スカイツリーがコラボ

江戸末期から続く伝統工芸品の江戸切子。黒船来航時の献上品の一つで、その細工にペリーが驚嘆したとの逸話がある。近年、東京スカイツリーとの時代を超えたコラボが実現。グラスに刻まれた塔体モチーフの精緻な模様が美しい。

かっぱ橋道具街

明治末期から大正初期に古道具店が集まったのが起源。現在では日本一の道具街ともよばれ、調理器具を中心にさまざまな物が揃う。外国人観光客にも人気。

⑤ かっぱ橋道具街のにぎわい

花街文化の名残

浅草や東向島の周辺は、いにしえの花街。永井荷風の作品に登場する玉の井や鳩の街は、小さな路地に当時の風情を留め、樋口一葉の『たけくらべ』で描かれた吉原も、往時の遊郭の面影を残す。現在、吉原近くの台東区竜泉には、「一葉記念館」が建っている。

樋口一葉

⑥ 吉原遊郭の名残を記す碑
（吉原弁財天）

⑦ 一葉記念館

東京スカイツリー周辺

（地図）

139°48′
35°44′
小塚原刑場跡
永久寺（目黒不動）
南千住
三ノ輪
東武スカイツリーライン
東武伊勢崎線
江戸の文人が協力した道
明治通り
平賀源内墓
白鬚橋
玉の井
竜泉
日本堤
一葉記念館 ⑦
清川
橋場
向島百花園
東武博物館
東向島
鷲神社
吉原
千束
吉原弁財天 ⑥
つくばエクスプレス
東京仏壇
今戸
馬道通り
鳩の街
京成押上線
けいせいひきふね
①
花やしき
隅田公園
江戸中期創業の老舗も多い向島
向島
浅草神社
浅草寺 ⑧
言問通り
あさくさ
墨田郷土文化資料館
東武亀戸線
隅田川花火大会
押上
業平
国際通り
雷門
吾妻橋
郵政博物館
墨田区役所
東京スカイツリー ①
東京スカイツリー
②
駒形
たばこと塩の博物館
墨田区
東駒形
三ツ目通り
亀戸天神社 ③
横川
太田道灌墓
④ すみだ江戸切子館
錦糸
刀剣博物館
横網
旧安田庭園
江戸東京博物館
石原
蔵前橋通り
35°42′
総武本線
きんしちょう
回向院
両国
吉良邸跡
都営大江戸線
千歳
立川
毛利
四ツ目通り
猿江恩賜公園
すみよし通り
菊川
住吉
新大橋
森下
常盤
都営新宿線
猿江
深川芭蕉庵跡
小名木川
江東区
きよすみしらかわ
清澄公園
平蔵通り
東京都現代美術館
139°48′
0   1000m

屋形船

江戸時代に隆盛を誇った隅田川の屋形船。今も多数の船宿が残る。また徳川吉宗が行った水神祭りを起源とする「隅田川花火大会」も名物の一つである。

⑧ 墨田川花火大会と屋形船

下町風情を歩いて楽しむ
谷根千～上野

文京区と台東区にまたがる谷中、根津、千駄木地区は、素朴な下町風情が漂うエリア。「谷根千」という愛称で親しまれ、人情味あふれる商店街はのんびり散策するのにぴったりだ。

谷中銀座で猫さがし

◀谷中商店街には7匹の木彫り猫がいるので探してみよう

◀通りを歩けば、どこかで一度は猫を見かける

▲谷中の風景にさりげなく調和する猫たち

谷中は町の人たちと共生している地域猫が多い「猫の町」。本物の猫だけでなく、猫のオブジェや猫グッズを扱う雑貨店など、猫好きな人は要チェックだ。

❷ 根津神社

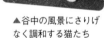

日本武尊（やまとたけるのみこと）ゆかりの神社と伝わる古社で、現在の社殿は五代将軍・徳川綱吉が創建。境内には夏目漱石や森鷗外が腰かけて構想を練ったとされる「文豪の石」がある。ツツジの名所としても知られる。

❶ 夕やけだんだん＆谷中銀座商店街

JR日暮里駅西口を出て数分、「谷中ぎんざ」という看板の手前にある階段が、夕日スポットとして人気の「夕やけだんだん」だ。階段を下りた先にあるのが、約60軒ほどの商店が立ち並ぶ谷中銀座商店街。手作りの惣菜やスイーツをテイクアウトして、食べ歩きも楽しい。

● COLUMN
谷中七福神めぐり

谷中周辺の7つの寺に祀られている七福神は、約250年の歴史をもつ都内最古のもの。毎年1月には各寺院を巡って御朱印をいただき、一年の平安を祈る。寺社だけなら約5km、2時間弱で巡ることができるが、途中で寄り道をしながら古い町並みをのんびり散策するのがおすすめだ。

年始には専用の御朱印台紙も各寺社で販売される

実物は40cm×32cm 和紙摺り
見 本

上野でアート

上野といえば、動物園やアメ横をイメージする人も多いが、じつは美術館や博物館が多い文教地区でもある。谷根千や上野公園の散策と一緒に、ミュージアム巡りも楽しんでみては？

❸ 国立西洋美術館

フランス印象派の絵画やロダンの彫刻を中心に、西洋美術全般を展示。建物は建築家ル・コルビジェの国内唯一の建築作品で、2016年に世界文化遺産に登録。2022年にはリニューアルオープンした。

❹ 東京国立博物館

1872（明治5）年に創設された国内最古の博物館。本館、平成館、東洋館など複数の建物からなり、所蔵数は約12万件と国内の博物館でも群を抜く。国宝や重要文化財も多く展示している。

外国人観光客も集う 東京屈指の観光地
ASAKUSAを歩く

巨大な提灯が掲げられた雷門やみやげ物店が並ぶ仲見世など、今や外国人観光客も多く訪れる浅草で江戸情緒を感じてみよう。

❷ 浅草文化観光センター

浅草寺の向かい側に立ち、周辺の観光案内などを行う。8階にある展望テラスは、仲見世や浅草寺、東京スカイツリーが一望できるビュースポットだ。

❶ 浅草寺

628（推古36）年創建と伝わる都内最古の寺で、江戸時代には徳川家康も幕府の祈祷所に定めていた。撮影スポットとして人気の雷門、みやげ探しや食べ歩きが楽しい仲見世、荘厳な五重塔や本堂など、見どころや楽しみが多いのが魅力。年間を通してさまざまな行事があり、なかでも年末の歳の市（羽子板市）が有名だ。

夜は浅草寺の本堂や五重塔がライトアップされ、また違った雰囲気に

TOKYO CRUISE
―隅田川ライン―

浅草界隈を水上から楽しめるクルーズ船。「隅田川ライン」は、浅草から隅田川に架かる13の橋をくぐり、浜離宮を経由して約40分で日の出桟橋に到着する。桜のシーズンは、お花見船として特別ダイヤで運航される。

❸ 吾妻橋と隅田川

赤い橋脚が目をひく吾妻橋。浅草側からはアサヒビールの金の巨大オブジェと東京スカイツリーとを一緒に見ることができる

❹ ホタルナ

宇宙船をイメージした近未来的なフォルムの船。屋上デッキから景色を楽しむこともできる

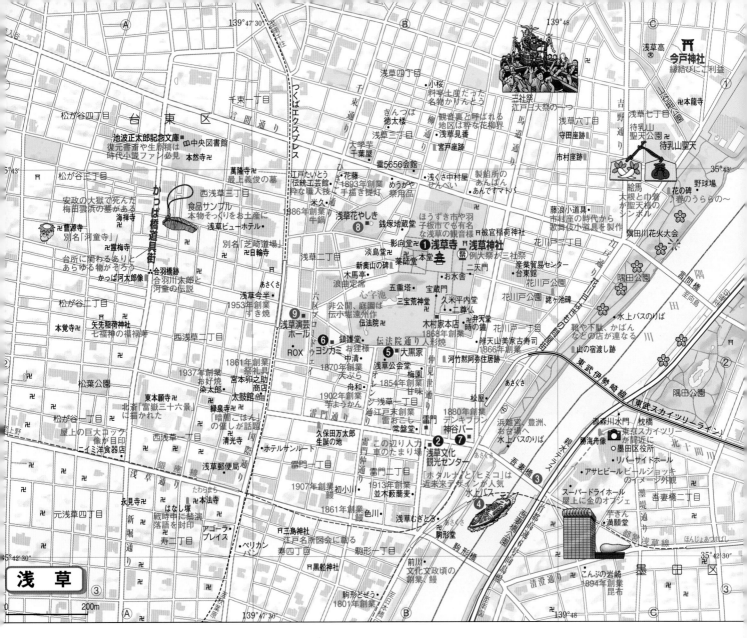

浅草

③

200m

🍳 浅草グルメ

浅草には、長年愛されている老舗や名物グルメが数多くある。散策途中のランチや休憩に利用してみよう。仲見世をのぞきながらの食べ歩きも楽しい。

❺ 大黒家（てんぷら）

1887（明治20）年創業の老舗。名物のえび天丼は、ゴマ油で揚げたえび天にタレをたっぷりしみ込ませてあり、ボリューム満点

❻ ヨシカミ（洋食）

1951（昭和26）年の創業以来、洋食一筋。ハンバーグやシチュー、コロッケといった昔ながらの洋食メニューが充実している

たべあるき

人形焼き

カステラ生地に餡を入れた人形焼きは、食べやすいサイズとかわいらしい形でみやげにもおすすめ

❼ 神谷バー

電気がまだ珍しかった明治時代に生まれたカクテル「デンキブラン」。その味わいは令和の時代になっても変わらない

● COLUMN

浅草六区でノスタルジーに出会う ●

江戸時代、浅草寺周辺には芝居小屋や茶店が立ち並び、大道芸人が集まる歓楽エリアがあった。現在も昔ながらの演芸場や飲食店が集まり、賑わいを見せている。

❽ 浅草花やしき

1853（嘉永6）年に開園した日本最古の遊園地。園内には、日本現存最古のローラーコースターのほか、さまざまなアトラクションがあり、大人も子どもも楽しめる。

スカイプラザからは園内や浅草の街を見渡すことができる

❾ 浅草演芸ホール

1964（昭和39）年にオープンした劇場で、落語や漫才、マジックなどの演芸を楽しめる。年中無休で、昼・夜とも時間内であればいつでも入場できる気軽さは、下町ならでは。

寄席は昼の部と夜の部がある

大望を遂げた 忠臣蔵の討ち入り

1701（元禄14）年に、赤穂藩主・浅野内匠頭長矩が、吉良上野介義央を江戸城「❶松之廊下」で斬りつけた。浅野は即日切腹。大石内蔵助良雄ら赤穂義士47人が、のちに吉良邸に討ち入り、君主の仇討ちを果たした。この赤穂事件を題材に人形浄瑠璃や歌舞伎で演目としたものが「仮名手本忠臣蔵」である。

「忠臣蔵 花の巻 雪の巻」
©TOHO CO., LTD.

吉良上野介

忠臣蔵では悪役となっているが、愛知県の西尾市吉良町では善政をした偉人とされている。

忠臣蔵 花の巻・雪の巻
1962年公開
制作：東宝株式会社
監督：稲垣 浩
出演
大石内蔵助：八代目松本幸四郎
浅野内匠頭：加山雄三
堀部安兵衛：三橋達也

❷吉良邸へ討ち入り

1703年1月30日（元禄15年12月14日）、午前4時頃に大石内蔵助率いる表門隊は吉良邸に梯子をかけて入り、「火事だ！」と叫んで邸内を混乱させ、隠れていた吉良を討ち取った。

❸回向院の山門をたたく

回向院は、赤穂義士が本懐をとげたあとの集合場所だったが、入山を拒否した。一行は上野介の首を携えて主君の墓のある泉岳寺に向かった。

❹赤穂義士の休息

赤穂義士一行は、隅田川沿いの道を南下した。永代橋の手前で、「ちくま味噌」の初代が甘酒粥をふるまい義士たちの体も心も温めた。

「赤穂義士休息の地」の碑がある。▶

❺かつての浅野邸へ

永代橋を渡った赤穂義士は、霊岸島（中央区湊・明石町付近）を抜けて鉄砲洲に入った。かつての浅野邸の門前で、一行は一礼して去ったとされる。

聖路加国際大の敷地の一画に「浅野内匠頭屋敷跡」の石碑が建っている。

❻泉岳寺に到着

西本願寺（現在の築地本願寺）近くを通り、一行は東海道へ出て泉岳寺をめざした。約11kmを歩き、泉岳寺に着いた一行は、浅野の墓前に吉良の首を供え一同焼香した。

赤穂義士祭
毎年、4月1日〜7日と12月14日に忠義を尽くした義士たちを供養する。

©泉岳寺

首洗井戸

吉良の首を洗ったとされる境内の「首洗井戸」

赤穂義士の墓
1703年3月20日（元禄16年2月4日）、赤穂義士達はお預かりの大名屋敷で切腹後、泉岳寺に埋葬。

大石内蔵助

赤穂藩の筆頭家老で、兵法を学んだと伝えられる。切腹後、主君と同じ泉岳寺に葬られた。享年45歳。

赤穂義士の足跡
両国〜品川

凡例
- ━━ 吉良邸討入後の赤穂義士のおおよそのコース
- ■ 忠臣蔵関連の史跡

［拡大図］
当時の回向院
江戸時代の両国橋
両国駅
国技館通り
京葉道路
墨田区
両国4
両国1
回向院
両国2
吉良邸跡
両国小
両国公園
大徳院 裏門
表門
両国3 — 当時の吉良邸
堅川水門 一之橋
塩原橋
千蔵橋

❶ 松之廊下事件
❷ 吉良邸跡
❸ 回向院
❹ 永代橋東詰所
❺ 赤穂藩上屋敷
❻ 泉岳寺

赤穂事件の年譜（月日は旧暦）

1701（元禄14）年	・3月14日、江戸城の松の廊下で、浅野内匠頭が吉良上野介に斬りつける ・同日、浅野は奥州一関藩邸で切腹 ・4月、赤穂藩の取り潰し ・5月、大石内蔵助はお家再興を嘆願 ・8月、吉良は呉服橋から本所に移る
1702（元禄15）年	・7月、浅野の弟・大学が閉門を命じられ、お家再興の望みが絶たれる ・11月、大石が京都から江戸に到着 ・12月2日、赤穂義士達は富岡八幡前の大茶屋で討ち入りの詳細を決める ・12月14日、赤穂義士達は吉良邸に討ち入り、首級を主君の墓前に供えた
1703（元禄16）年	・2月4日、赤穂義士達は預けられた大名屋敷で切腹、泉岳寺に埋葬される
1706（宝永3）年	・吉良家お家断絶
1709（宝永6）年	・将軍綱吉が死去
1710（宝永7）年	・浅野大学が500石取りの旗本に取り立てられ、お家再興となる

感性を刺激するアートスポット
渋谷・表参道・六本木

国立新美術館、森美術館、サントリー美術館で「六本木アート・トライアングル」を形成する六本木。個性的な美術館が多い渋谷から表参道。東京のアートスポットは、絵画や造形、映像作品など、展示内容もバラエティ豊か。

❶ 国立新美術館　六本木

▶2階のティールームでひと息。スイーツや軽食が楽しめる
©国立新美術館

国内最大級の展示スペースを擁する美術館で、常設展示はなく、さまざまなジャンルやテーマの企画展を行っている。優美な曲線が印象的な建物は、建築家・黒川紀章氏が手がけたもの。屋外にウッドデッキを設け、館内の壁や床に木を多用するなど、都会にありながらも開放的で居心地のよさを追求した造りになっている。講演会やワークショップなどにも利用される。

©国立新美術館

❷ 森美術館　六本木

六本木ヒルズ森タワーの53階にある現代アートの美術館。建築やファッション、デザインなどさまざまなジャンルの企画展を開催している。火曜日を除き毎日夜22時まで開館しているので、夜のひとときをアート鑑賞で過ごすのもおすすめだ。

Center Atrium
Photo courtesy: Mori Art Museum, Tokyo

渋谷・表参道・六本木

③ サントリー美術館 六本木

「生活の中の美」を基本理念に、日本の絵画や陶磁、染織、東西のガラスなど、約 3000 件を収蔵。日本美術を中心に企画展を開催し、指定日には茶室での呈茶席体験やワークショップなどのプログラムも実施。東京ミッドタウン ガレリア 3 階。常設展はなし。

©Keizo Kioku

④ 岡本太郎記念館 南青山

大阪万博の『太陽の塔』や渋谷駅に展示されている壁画『明日の神話』などの作品で知られる岡本太郎のアトリエ兼住居を公開している記念館。館内には、氏が生前愛用していた道具類や自作のテーブルなどが展示されている。

⑤ 21_21 DESIGN SIGHT 六本木

トゥーワン トゥーワン デザイン サイト

著名デザイナー・三宅一生が創立。デザインの視点から日常の出来事や物事をテーマに、企画展やワークショップ、トークイベントなどを開催。デザインの魅力を多角的に発信・提案する展示施設。

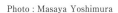

Photo : Masaya Yoshimura

個性的なアートグッズをおみやげに

⑥ MoMA Design Store 表参道

モマ デザイン ストア

ニューヨーク近代美術館(MoMA)のミュージアムショップ。キュレーターによりセレクトされた、デザイン性の高い、ユニークで機能的なアイテムが約2000種類もそろう。

▶MoMAバージョンのNYヤンキースキャップ

▶有名な草間彌生作品のオブジェ

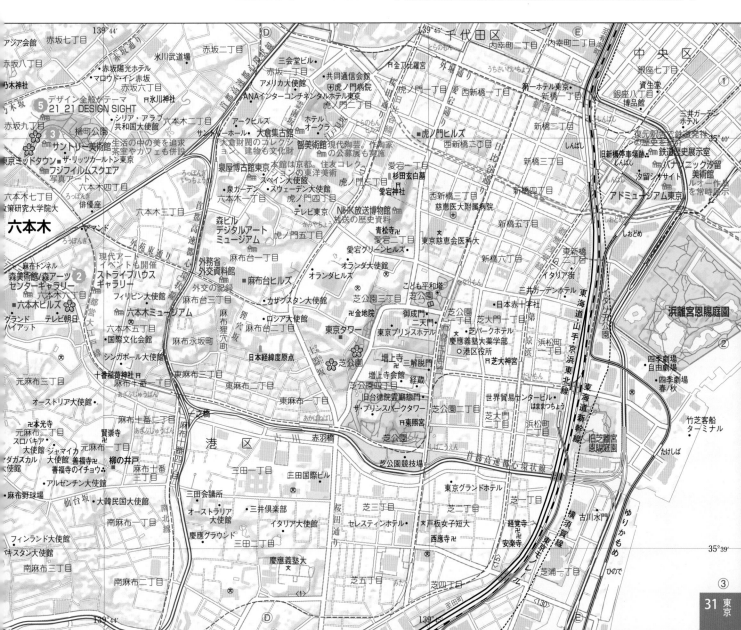

海辺のビュースポットへ
東京ベイエリア

都心からのアクセスがよく、絶景スポットやレジャー施設も充実した湾岸地区。
リゾート気分満点の海沿いエリアで、一日たっぷり楽しもう。

2 球体展望室 はちたま

フジテレビ本社ビル
25階にあり、地上
100mから湾岸エリア
を一望する大パノラマ
を楽しめる。

お台場

1 お台場海浜公園

幕末に砲台が造られたことが地名の由来というお台場。レインボーブリッジを望む約800mのビーチや自由の女神像と記念撮影ができる遊歩道、浅草方面にアクセスできる水上バスのりばなどがある。夕暮どきや夜景もすばらしい。

3 日本科学未来館

ロボット、人工知能、生命科学、地球環境、宇宙など、先端の科学技術を楽しみながら体験できる科学館。興味深い展示が満載だ。

4 東京ゲートブリッジ

恐竜が向かい合っているような姿から「恐竜橋」とも呼ばれる。江東区若洲側から歩道へのぼり歩くことができる。

葛西

5 葛西臨海公園

回遊するマグロを展示する葛西臨海水族園や野鳥観察ゾーンなどからなる広大な公園。

ゆりかもめでベイエリアを車窓から楽しもう！

新橋〜豊洲の約15kmを運行し、お台場や東京ビッグサイト、豊洲市場へのアクセスに便利。全線で高架をはしるので車窓からの眺望がよく、途中にはループ状に走行する部分や、レインボーブリッジと並走する区間もあり、移動しながら湾岸地区の景色を楽しめるのが魅力。

羽田

6 羽田空港 旅客ターミナル

国内線ターミナルと国際線ターミナルからなる。レストランやショップが充実しており、旅行以外にも楽しめる。

▶空港限定グルメやみやげも見逃せない。写真の「彩鳳ジャンボ焼売」と「金かすてら・飛行機」は羽田空港限定商品

⑦ 豊洲市場

全国各地から新鮮な魚介や野菜が集結する東京都の公設市場。人気の早朝セリ見学をはじめとした施設見学が可能。飲食エリアでは、寿司や天ぷら、うなぎなどの和食のほか、中華や洋食も楽しめる。プロの料理人も御用達の買い物エリアは、加工食品や料理道具などの用品類がそろう。

画像提供：東京都中央卸売市場

⑧ 東京水辺ライン

隅田川に架かるいくつもの橋をくぐり、下町風情が残るエリアを運航する水上バス。両国から浅草を経由してお台場へアクセスできる「浅草・お台場クルーズ」をはじめ、夜景を楽しめるナイトクルーズなども運航されている。

0　　　　　　　　2000m

水上バス「東京水辺ライン」のおもなコース
（東京都公園協会運航　2024年5月現在）
■■■　浅草・お台場クルーズ
■■■　葛西・お台場周遊
※この他に、東京都観光汽船が運航する水上バスの隅田川ライン、浅草・お台場直通ラインなどもある。

東京ベイエリア

柴又駅 寅さんと行く下町歩き
柴又から矢切の渡しへ

映画「男はつらいよ」シリーズの舞台になった葛飾区の柴又界隈。下町情緒あふれる風景が残る柴又帝釈天題経寺の門前町は、2月の節分会や庚申の日の縁日には多くの人が訪れる。うなぎ屋や団子屋などが並ぶ下町から矢切へ向かおう。

❶ フーテンの寅像・見送るさくら像

旅に出る寅さんが、妹のさくらの方を振り返るシーンをモチーフとして、1999年に柴又駅前に建てられた。妹のさくら像は、2017年に建てられた。

❷ 帝釈天参道と「高木屋老舗」

柴又駅から帝釈天まで続く約200mの参道は、古い町並みが残り戦火を免れた老舗も多い。その参道の両側にある「高木屋老舗」は、映画「男はつらいよ」シリーズで車寅次郎の実家の団子屋のモデルとなった店。

毘沙門天

❸ 帝釈天題経寺

日蓮宗の古刹。奥には庭園の邃渓園や彫刻ギャラリーがあり、その凄さに圧倒される。

©帝釈天題経寺

彫刻ギャラリー

「柴又七福神めぐり」コースの例

柴又駅 ⟷ 徒歩6分 ⟷ **宝袋尊** **❶ 良観寺** ⟷ 徒歩6分 ⟷ **弁財天** **❷ 眞勝院** ⟷ 徒歩2分 ⟷ 帝釈天題経寺

寿老人 **❼ 観蔵寺**

京成金町線

京成線

京成高砂駅 — 徒歩6分

徒歩23分

北総鉄道

新柴又駅

※宝袋尊とは布袋尊のこと。

七福神めぐりの各寺院の色紙朱印200円、朱印帳朱印300円。七福神朱印受付：1月1日～31日

恵比寿天 **❻ 医王寺** ⟷ 徒歩3分 ⟷ **大黒天** **❺ 宝生院** ⟷ 徒歩7分 ⟷ **福禄寿** **❹ 萬福寺** — 徒歩4分

徒歩1分

❺ 葛飾納涼花火大会

開催：7月下旬
開催場所：葛飾区柴又野球場
　　　　　（江戸川河川敷）
打ち上げ数：約2万発

打ち上げ場所が観客席の近く
にあるため、臨場感あふれる
花火を堪能できる。有料指定
席も設置されている。

❸ 葛飾柴又寅さん記念館

映画で使用されたセットが移設され、ジオラ
マ模型や懐かしの映像が流れる。「男はつら
いよ」の世界に浸ることができる。

葛飾柴又寅さん記念館・©松竹

❹ 山本亭

書院造りに西洋建築を取り入れた大正末期
の建物。海外でも評価の高い庭園がある。

❻ 矢切の渡し

運航日：夏季は毎日、冬季は土・日・祝日および庚申の日のみ
※1月1日〜7日は毎日運航、※雨天荒天は欠航

小説や歌謡曲にも登場する。江戸時代初期から続いており、柴又と対岸の松戸市を結ぶ都内で
唯一残る情緒豊かな渡し場。料金は片道大人200円、子ども100円で乗船できる。

〈写真提供・協力〉葛飾区観光課、葛飾区観光協会、松竹株式会社

自然満喫 高尾山 1 day ハイク

年間登山者数
世界第1位

フランスの旅行ガイドで三つ星を獲得した高尾山。
標高599mの山頂へは、ケーブルカーやリフトを
利用して手軽にアクセスできる。

❶ 山頂展望台

晴れた日には、富士山も見える絶景スポット。山に関する展示や情報を提供する
高尾ビジターセンターもある。

1号路 **王道ルート!**
（右ページ コース全図参照）
中腹にある薬王院の表参道を歩く
初心者向けコースで、途中ケーブル
カーやリフトも利用できる。

参道には「たこ杉」などみどころも

ご本尊に天狗を祀る高尾山薬王院

108段の階段が
続く男坂

表参道入口から1時間40分ほどで頂上に到着!
開放感いっぱいの眺望を楽しもう

4号路 **自然を満喫!**
（右ページ コース全図参照）
薬王院入口にある浄心門から分岐す
る4号路は、森の中を歩き、吊橋を
渡る変化に富んだコース。

❷ 高尾山口駅
高尾山への玄関口。駅舎
は木を多用した個性的な
デザイン。

❸ ケーブルカー
ケーブルカーでは日本一
きつい最急勾配31度18
分、高低差271mを約6
分で上る。

ひとやすみ!

とろろそば
高尾山の名物といえば
コレ。とろろパワーで
元気をチャージしよう。

登山アドバイス

標高が比較的低く、初心者
向けとはいえ、登山道の途
中には坂道や木の根がむき
出しになった箇所もあるの
で、底が厚めの歩きやすい
靴を選ぼう。また、帽子や
雨具、飲み物、軽食、地図
も必需品だ。早朝や夕方は
冷え込むこともあるので、
防寒対策も忘れずに。

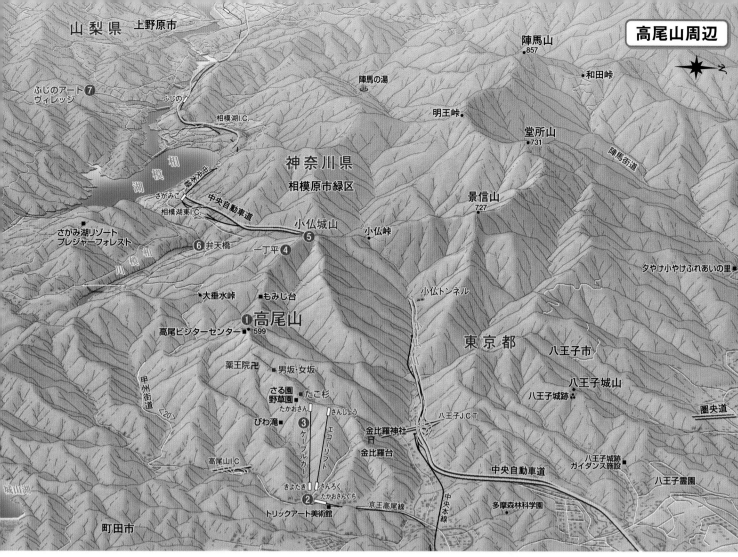

山梨県　上野原市

陣馬山
・857

陣馬の湯
・

和田峠
・

ふじのアート ❼
ヴィレッジ

ふじの

相模湖I.C.

明王峠
・

相模湖

神奈川県
相模原市緑区

堂所山
・731

陣馬街道

さがみこ

中央自動車道

相模湖東I.C.

景信山
・727

小仏城山
❺

小仏峠
・

❻ 弁天橋

一丁平 ❹

さがみ湖リゾート
プレジャーフォレスト

夕やけ小やけふれあいの里

大垂水峠
・

もみじ台
・

小仏トンネル

❶ 高尾山

高尾ビジターセンター・
・599

東京都

八王子市

薬王院卍

男坂・女坂

八王子城山

甲州街道
〈20〉

さる園
野草園

たこ杉

八王子城跡・

さんじょう

たかおさん

八王子J.C.T.

びわ滝・

❸ ケーブルカー

金比羅神社
卍

八王子城跡
ガイダンス施設

エコーリフト

金比羅台

圏央道

高尾山I.C.

きよたき

さんろく

たかおさんぐち

八王子霊園

中央自動車道

城山湖

❷

トリックアート美術館

京王高尾線

中央本線

多摩森林科学園

町田市

高尾山山頂から相模湖へ

❹ 一丁平
高尾山山頂から小仏城山を経由して相模湖へ向かう、約2時間30分のコース。一丁平付近の桜は例年4月上旬～中旬が見頃

❺ 小仏城山
広々とした小仏城山山頂には、茶屋やトイレ、ベンチがあるので休憩スポットにおすすめ。相模湖も遠望できる

❻ 弁天橋
風光明媚な弁天橋を渡ると相模湖まであと少し

高尾山コース全図

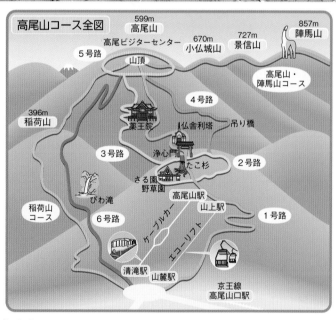

599m
高尾山

670m
小仏城山

727m
景信山

857m
陣馬山

高尾ビジターセンター

5号路

山頂

高尾山・
陣馬山コース

4号路

396m
稲荷山

薬王院

仏舎利塔

吊り橋

2号路

3号路

浄心門

たこ杉

稲荷山
コース

びわ滝

さる園
野草園

高尾山駅

山上駅

1号路

6号路

ケーブルカー

エコーリフト

清滝駅

山麓駅

京王線
高尾山口駅

COLUMN

❼ ふじのアートヴィレッジ

旧藤野町で創作活動に励むアーティストが集結し、九つのコンテナギャラリーで作品を展示・販売。陶芸やガラス工芸、自然素材の手作りアクセサリーなど、ジャンルはさまざま。作家のこだわりがつまった、ここでしか出会えない掘り出し物が見つかるかもしれない。ヴィレッジ内にはレストランもある。

イベント時にはテントで出店する
アーティストも登場する

東京から行く小さな旅

38

東京 東京湾 埼玉 千葉 神奈川

139°40′ 139°50′ 35°50′ 35°40′ 35°30′

神奈川

1500m級の山々が連なる西部には、温泉で知られる箱根や湯河原、長い海岸線沿いには古都鎌倉や江ノ島、開国以来の歴史を持つ横浜といった観光都市を多く擁する。海と山、その両方の味覚を楽しめるのも特徴だ。

丹沢湖 山北町

四季折々の景観に富士山が映える

「かながわの景勝50選」、「関東の富士見百景」のほか「ダム湖百選」にも選ばれる美しい湖。春の桜もすばらしいが、秋の紅葉は絶景で、ハイキングやドライブで訪れる人の目を楽しませている。

小田原城 小田原市

難攻不落といわれた北条氏の関東支配の中心拠点

15世紀末、小田原に進出した北条氏は、約100年にわたりこの城を拠点にして勢力を拡大。最盛期には周辺を囲む総構は全周9kmにもおよび、中世最大規模の城郭として名を馳せた。一部は国指定史跡。

凡例
- 百 百名山
- 花 花の百名山・新花の百名山
- 百 日本さくら名所100選
- 百 日本紅葉の名所100選
- 祭 おもな祭
- ✿ おもな花火大会
- 🚗 おもな道の駅

山梨

神奈川

丹沢山地

相模

静岡

生藤山 990
陣馬山 855 (陣場山)
中央自動車道
小仏峠
139°15′
城山かたくりの里
城
藤野 相模湖
プレジャーフォレスト
相模湖
神奈川初の人造湖に映える嵐山の紅葉
道志川
津久井湖
津久井
湖畔に桜の小道
園央道
愛川
焼山 1060
宮ヶ瀬湖
八菅神社
長谷寺 (飯山観音)
清川
大室山 1587
35°30′
139°
犬越峠
丹沢山 1567
大山 1252
大山
菰釣山 1379
丹沢山
伊勢原
中川温泉 「信玄の隠し湯」といわれる紅葉の名所
阿夫利神社下社
大山不動尊
関東三大不動で紅葉の名所
新東名高速道路
きゃらぶき
蔵林寺
河内川
丹沢湖
八重桜の塩漬け
秦野
山北
足柄茶
浄徳院菖蒲園
杉林と竹林に囲まれて咲くハナショウブ
小田急小田原線
②
山北
松田山ハーブガーデン
松田
御殿場線
東名高速道路
洒水の滝
ひょうたん漬
中井
小田原厚木道路
高来神社
736 足柄峠
開成
大井
ナノハナ、桜、コスモスなど一年中楽しめる
吾妻山公園
大磯 ロングビーチ
大雄山最乗寺
伊豆・富士 ▶P.50・51
南足柄
天狗煎餅
曽我梅林
二宮
金時山 1212
大雄山
明神ヶ岳 1169
乙女峠
伊豆箱根鉄道
箱根登山鉄道
小田原
小田原城
139°15′
箱根ロープウェイ
強羅
早雲山
箱根
35°15′
箱根山 (神山) 1438
箱根
箱根 ▶P.48・49
小田原城址公園
長尾峠
峠の茶屋
駒ヶ岳ロープウェー
箱根湯本
芦ノ湖スカイライン
③
芦ノ湖
箱根関所
アネスト岩田ターンパイク箱根
箱根峠
幕山
椿ラインきびもち
139°
湯河原パークウェイ
真鶴
真鶴岬
湯河原
真鶴ブルーライン
真鶴

小田原かまぼこ
小田原のかまぼこは、参勤交代の大名や箱根の湯治客に供され、名物となった。

◀鈴廣かまぼこ（小田原市）

▲大山寺参道

山下公園のシンボル「氷川丸」(横浜市)

県外からも厚い信仰を集める
川崎大師 川崎市

古くから「厄除けのお大師さま」として信仰され、川崎大師の通称で知られる平間寺は、真言宗智山派の大本山だ。1年最後のご縁日ではご利益をいただいたお護摩札、お守りのお焚き上げが行われる。

▲久寿餅 住吉表参道店(川崎市)

賑わいを見せる参道
「仲見世通り」をはじめとする門前町には、商店街が連なっており、連日参拝者で賑わう。名物は無病長寿を願って命名された「久寿餅」だ。

たびごよみ

1月上旬 鶴岡八幡宮初詣(C2)
2月上旬〜3月上旬 田浦梅林まつり(田浦梅の里 C2)
3月下旬〜4月上旬 小田原桜まつり(小田原城址公園 A3)
5月中旬 よこすかカレーフェスティバル(横須賀 C2)
5月中旬〜下旬・10月中旬〜11月中旬 生田緑地ばら苑開苑(C1)
6月上旬 横浜開港祭(横浜港 C2)
7月上旬 湘南ひらつか七夕まつり(B2)
7月下旬 みなとみらいスマートフェスティバル(C2)
10月上旬 横濱ジャズプロムナード(横浜 C2)

味覚探訪 たびぐるめ

◆ しらす丼
神奈川県はシラス漁が盛ん。透きとおるような新鮮なシラスに薬味をのせて、醤油かタレをかけて食べる。

◆ アジの押し寿司
明治時代、相模湾でたくさん獲れていた小アジをアレンジして生まれた東海道線の名物駅弁。

気ままにひと巡り

ハイキングや豆腐料理が楽しめる
大山 伊勢原市

丹沢山地の大山には、大山阿夫利神社や関東三大不動の一つ大山寺がある。参詣にはケーブルカーも利用可能。ケーブルカーの駅前には参道があり、宿坊や名物の豆腐料理を供する店が並んでいる。

古くて新しいレトロモダンな国際都市
横浜

1859年の開港以来、西洋文化をいち早く取り入れた横浜。当時の雰囲気を伝える歴史的建物が点在する一方、埋立地を再生させた「みなとみらい21」には横浜ランドマークタワーや赤レンガ倉庫など観光スポットが人気を集めている。

横浜ベイブリッジ越しにみなとみらいを見る

❶ 横浜赤レンガ倉庫

明治・大正期につくられた保税倉庫を歴史的なたたずまいのまま再生。1号館はホールや展示スペースを備えた文化施設、2号館はレストランやショップとして賑わう。

❷ 横浜ランドマークタワー

日本有数の超高層ビル、横浜ランドマークタワーは70階建て、高さ296m。69階の展望台フロア、低層階のショッピングモールは人気のスポット。

足元には日本最古の石造りドックを復元

❸ 横浜中華街

約500m四方のエリアに約200店の中華料理店をはじめ、総店舗数600店以上が集まる、日本最大かつ東アジア最大のチャイナタウン。関帝廟や横浜媽祖廟が信仰を集めている。

中国の旧正月、春節の媽祖廟

❹ 港の見える丘公園

山手の小高い丘にあり、横浜港や横浜ベイブリッジを望む絶好のロケーションで夜景も人気。園内に大佛次郎記念館、神奈川近代文学館や洋館もある。

港の見える丘公園は横浜一のバラの名所

❺ 三溪園 (さんけいえん)
🕘 9:00〜17:00

生糸で財をなした原富太郎（三溪）の広大な自宅庭園に、日本各地の歴史的建造物17棟を移築。横浜市の中心部にありながら、四季折々の自然と調和した景観が楽しめる。

COLUMN
❻ ホテルニューグランドとGHQ

1927（昭和2）年開業以来、世界のVIPが利用するホテルニューグランド。なかでもGHQ最高司令官マッカーサー元帥が滞在した315号室は「マッカーサーズスイート」と名づけられ、一般客も宿泊できる。
また、数々の洋食発祥の地としても知られる。プリン・ア・ラ・モードはGHQ将校の宿舎となった時代に、将校夫人を喜ばせるために考案され、スパゲッティナポリタンはアメリカ兵の食文化をまねて生まれた。

風光明媚で多彩な魅力が詰まった
三浦半島

海と山に囲まれ大自然に恵まれたエリア。軍港の街・横須賀をはじめ、猿島や城ヶ島などの離島まで見どころはつきない。

逗子海水浴場

横須賀・浦賀エリア

雄大な軍艦が歴史を伝える

1 三笠公園

「日本の都市公園100選」「日本の歴史公園100選」に選ばれた公園。園内には、海軍軍人・東郷平八郎の像が建ち、世界三大記念艦の一つ「三笠」の姿も望める。なだらかな丘に広がる芝生広場は憩いの場所となっている。

▼芝生広場から見える猿島。猿島へは三笠公園からフェリーが出ている

港町ならではの独特の文化を発信

2 ドブ板通り

アメリカと日本の文化が融合したエリア。スカジャン発祥の地としても有名で、商店街にはスカジャンを扱う店が連なり、通りを歩くだけでも楽しい。ヨコスカグルメを楽しむのもおすすめ。

ヨコスカグルメをチェック!

「ヨコスカグルメ」とは、アメリカ海軍や日本海軍に親しまれたメニューのほか、地元の農水産物を使用したグルメをさす。

横須賀海軍カレー
日本海軍で提供されていた軍隊食。当時のレシピを忠実に再現している。牛乳とサラダのセットが基本。

ヨコスカネイビーバーガー
駐留アメリカ兵に親しまれた伝統的なハンバーガー。肉本来の味をいかしたシンプルな調理法が特徴。

大自然と歴史が共存する無人島

3 猿島

かつて首都防衛の拠点となった東京湾唯一の自然島。ありのままの自然に囲まれた島内には要塞跡などが残り、解説付きで巡ることができる島内ツアーもある。釣りやバーベキューも楽しめる。

世界でも希少なレンガドック

4 浦賀ドック

1899(明治32)年に建造された造船所。2003年に閉鎖されるまでの約100年にわたり、約1000隻の船を製造してきた。見学は、イベントなどの一般開放日のほか、事前予約制のツアーに限り可能。事前予約制ツアーについてはよこすかシティガイド協会ウェブサイトを参照。

画像提供：横須賀市

迫力の艦船を間近で楽しむ!
5 YOKOSUKA 軍港めぐり

アメリカ海軍や海上自衛隊の艦船を海の上から見学できる、約45分間のクルージングツアー。詳しい解説も興味深い。

大山 ▲1252

八王子市

小田原市　秦野市　平塚市

相模川

東海道新幹線

川崎市

横浜市

横浜港

相　模　湾

茅ヶ崎市

江の島

鎌倉市　鶴岡八幡宮

逗子海水浴場

葉山港

逗子市

京急逗子線

チャッキラコ

三浦市三崎で毎年1月15日の小正月に行われる伝統行事。舞いも唄も女性のみで行われる

⑥ **森戸海岸**

⑦ **葉山しおさい公園**

葉山マリーナ

横須賀線

長浦港

横須賀スタジアム

八景島シーパラダイス

東　京　湾

⑤ **YOKOSUKA軍港めぐり**

横須賀港

葉山エリア

小田和湾

立石公園

大楠山 ▲241

葉山町

阿部倉温泉　横須賀しょうぶ園

よこすか

② **ドブ板通り**

横須賀新港

① **三笠公園**　③ **猿島**

横須賀・浦賀エリア

海に面した開放的な美術館。谷内六郎館併設

横須賀美術館

三浦エリア

長井海の手公園
ソレイユの丘
フラワーガーデンのほか遊具も充実

武山 ▲200

ほりのうち

横須賀市

④ **浦賀ドック**

うらが

浦賀港

ペリー上陸地

鴨居港　**観音埼灯台**
西洋式灯台第1号。灯台資料展示室併設

みさきぐち

三浦市

油壺

三崎港

城ヶ島大橋

⑧ **城ヶ島**

三崎朝市

小網代の森
森林、干潟、海までの生態系が一続きで残されている

京急久里浜線

三浦海岸

金　田　湾

JRくりはま

くりはま花の国
春はポピー、秋はコスモス100万本

久里浜港

大浦海水浴場

剱崎

葉山エリア

遠浅で穏やかなビーチ

⑥ 森戸海岸

▶近くには良縁や子宝安産に御利益がある森戸大明神がある

葉山でいちばん広い砂浜をもつ海岸。空気の澄んだ冬場には、江の島や富士山がきれいに望めるほか、名島(菜島)にある森戸大明神の鳥居と葉山灯台の姿も見える。夕景も美しく、地元では人気の夕日スポットだ。

昭和天皇皇位継承の地

⑦ 葉山しおさい公園

葉山御用邸付属邸の跡地に開設された公園。池泉回遊式の日本庭園のほか、相模湾の海洋生物を紹介した博物館や茶室、散策路など見どころが多い。松林の散策路からは、富士山や伊豆半島、大島などが一望できる。葉山町の史跡に指定。

▶博物館内には、昭和天皇の御下賜標本が展示されている

三浦エリア

散策が楽しいプチリゾート

⑧ 城ヶ島

▶島の西側にある城ヶ島灯台。ここからの夕日は絶景

三浦半島の南に位置する、神奈川県内最大の自然島。島内にはハイキングコースがあり、島内の見どころを巡ることができる。自然が造りだした景観「馬の背洞門」(写真)は必見だ。

三浦半島の名物といえば「まぐろ」!

三崎港は上物のまぐろが水揚げされることで有名。毎週日曜日に開催される朝市を訪れたり、京急線や京急バスの乗車券と飲食店などで使えるクーポンが一つになった「みさきまぐろきっぷ」を使ったりして、まぐろを堪能したい。

四季を愛でる 古寺めぐり 鎌倉

12世紀に源頼朝が日本初の武家政権を開いた鎌倉。
四季折々の花を楽しめる寺も多く、なかでもあじさいは梅雨の
鎌倉を代表する。海岸沿いには江ノ電が走り、江の島までもすぐ。
鎌倉は古刹と海の風景が楽しめる貴重な地域だ。

❶ 鶴岡八幡宮 🕐6:00〜20:00

鎌倉のシンボル。源頼朝により鎌倉幕府の宗社にふさ
わしい上下両宮の現在の姿に整えられ、鎌倉の町づく
りの中心となった。源平池では桜やハスの花が楽しめる。

❷ 高徳院 （鎌倉大仏）

🕐4月〜9月 8:00〜17:15
（10月〜3月 〜16:45）
大仏胎内拝観8:00〜16:20

大仏は高さ11.3m、重さ約121トンもの大きさ。
鋳造された鎌倉時代の姿を保ち、国宝に指定され
ている。内部（大仏胎内）は空洞で、拝観できる。

❺ 報国寺 （竹寺）

🕐9:00〜16:00

境内に1000本の
孟宗竹林が広がり、
「竹の寺」として
有名。青々とした
竹林をぬける風に、
心洗われる時を過
ごせる。

❻ 明月院

🕐9:00〜16:00
（6月 8:30〜16:30）

あじさい寺として知られる
明月院は本堂の円窓も有名。
紅葉シーズンに円窓越しに
見る庭はさながら絵画のよ
うに美しいと評判。

❸ 建長寺 🕐8:30〜16:30

鎌倉五山第一位。北条時頼が南宋
から高僧蘭渓道隆を招いて創建し、
禅宗専門道場としては日本で最初
期のものの一つ。境内の最奥にあ
る半僧坊からの眺めも格別。

❹ 長谷寺

🕐8:00〜16:30
（4月〜6月 〜17:00）

奈良時代の創建と伝わる古刹。
本尊の十一面観音から長谷観音
とも呼ばれる。約40種2500株
のあじさいをはじめ、梅、ボタン
など1年を通して花が楽しめる。

❼ 円覚寺

🕐8:30〜16:30（12月〜2月 〜16:00）

鎌倉五山第二位。北条時宗が
元寇の戦没者追悼のために創建。
紅葉名所としても親しまれている。
夏目漱石の小説「門」にも登場する。

鎌倉・江の島
風雅な古都の寺社めぐり

大船のシンボル。高さ25.39mの胸像

長尾台町

横浜市 栄区役所

白旗 0 1000m 139°30'

城廻

大船軒・鯵の押寿し 大正8年発売以来人気の駅弁

大船軒

渡内

大船フラワーセンター バラ・ツツジなど 四季折々の花が美しい

大船観音寺 大船

鎌倉芸術館

円覚寺 宝冠釈迦如来坐像 常楽寺

鶴岡八幡宮 桜門の扁額の八の字はハトの形

横浜市 栄区

本藤沢

花の木

遊行寺 大姥

諏訪神社 ふじさわほんまち

藤沢市

天嶽院 湘南霊園

山崎天神 (北野神社)

ふじみちょう

横須賀線

仏手柑長寿飴は便秘、頭痛にご利益

国宝の舎利殿、文豪らの名作でおなじみの三門

東海道本線

藤沢市役所

陣出の泣塔

しょうなんまちや

小津安二郎監督「晩春」「麦秋」など

きたかまくら

円覚寺 ⑦

鎌倉古民家ミュージアム 葉祥明美術館

勝上献 展望台 朱雀木やぐら

半僧坊・カラス天狗像 太平山 159

5°20' 江ノ島電鉄 いしがみ

新江ノ島水族館 イルカやペンギンなど多彩なショーが見もの くげぬまかいがん

新林公園 川名

青蓮寺 (鍋大師)

手広

梶原

梶原御霊神社

鎌倉市

寺分

浄光明寺

東慶寺 (駆け込み寺)

浄智寺

明月院 ⑥ 半僧坊 十王岩

覚園寺

建長寺 ③

35°20'

ほんくげぬま

ひらつか 片瀬西浜・鵠沼 新江ノ島水族館 ⑩ かたせえのしま

片瀬山 西鎌倉

やなぎこうじ

湘南モノレール

鎌倉山

葛原岡神社 銭洗弁天 宇賀福神社

佐助稲荷神社

化粧坂 源氏山公園 源氏山 92.6

英勝寺 浄光明寺 佐助

近代美術館鎌倉別館 二階堂

鶴岡八幡宮 ①

源頼朝の墓 永福寺跡 瑞泉寺

鎌倉随一の美しさを誇る「花の寺」

諏訪神社・上社 かたせやま

諏訪神社・下社 しょうなんかいがん こうえん

津西

常立寺 めじろやまだ

龍口寺 しょうなんえのしま

ローストビーフが有名なフランス料理店

鎌倉山

腰越・津

御霊神社・面掛行列 ユニークな面で町を 練り歩く奇祭が有名

鎌倉歴史文化交流館

ホテルニューカマクラ 芥川龍之介、岡本かの子ら文人が集った宿

② 高徳院 鎌倉大仏

鎌倉国宝館 鎌倉彫・博古堂

鎌倉市役所

豊島屋本店 鎌倉といえば鳩サブレー

一条恵観山荘

光触寺

明王院

報国寺

釈迦堂切通し 衣張山 ▲120

浄妙寺

片瀬海岸 片瀬山

満福寺 腰越 こうじ

腰越橋 片瀬東浜

かまくら こうみょうじ 七里ガ浜

小動岬

江の島アイランドスパ

岩本楼本館 江島神社(辺津宮)

江の島神社 (奥津宮)

⑧ ⑨ 江島神社 (中津宮)

湘南港 江の島ヨットハーバー

江の島シーキャンドル

江の島サムエル・コッキング苑 関東有数の椿の名所

③

七里ヶ浜 しりがはま

稲村ヶ崎

鎌倉プリンスホテル

いなむらがさき

鎌倉海浜公園

相模湾

御霊神社 極楽寺 成就院

極楽寺

④ 長谷観音 (長谷寺)

吉屋信子記念館 ゆいのはま

由比ガ浜 かいひん荘 鎌倉

由比ガ浜 鎌倉花火大会

④ 鎌倉文学館

井上蒲鉾店

安養院 妙法寺 安国論寺

九品寺 五所神社

材木座

本覚寺

妙本寺 ぼたもち寺

江の島ビール

来迎寺 鎌倉ビール醸造

宝戒寺 大宝寺 まんだら堂跡

名越切通し

岩殿寺

久木

逗子市

光明寺

和賀江島

精進料理を味わう

小坪

リビエラ逗子マリーナ 気分は南国のシーサイドリゾート。ロケーション抜群

すし 至横須賀

逗子市役所 ③ ずしはやま

新宿 35°18'

江の島アイランドスパ プール、温泉で優雅な1日

岩本楼本館・ローマ風呂 昭和初期建築のレトロな老舗旅館でくつろぐ

139°30' 139°32' 139°34'

江の島

⑧ 江島神社
🕐 8:30〜17:00

辺津宮、中津宮、奥津宮からなる。古くは弁財天を祀り、江戸時代は江の島詣で賑わった。裸弁財天として有名な妙音弁財天は、辺津宮境内に安置。

⑩ 新江ノ島水族館 🕐 9:00〜17:00(12月〜2月 10:00開館)

湘南の海をバックに繰り広げられるイルカのショーが人気。幻想的なクラゲの展示も充実。

⑨ 江の島シーキャンドル
🕐 9:00〜20:00

湘南のシンボル、江の島シーキャンドル（灯台）は、展望台から眺める夕景や、冬のイルミネーションが人気。明治時代の英国人貿易商に由来した南国ムード溢れる植物園「江の島サムエル・コッキング苑」内にある。

日本屈指の温泉リゾート

箱根

富士山を望む芦ノ湖、峻険な箱根峠、古くから栄えてきた箱根温泉郷。観光名所が豊富な箱根は、明治以降、鉄道の整備とともに開発が進み、東京から気軽に行ける温泉地に。海外からの観光客も多く訪れる日本屈指のリゾート地である。

❶ 芦ノ湖

現在の芦ノ湖は約3100年前に箱根火山の神山が爆発した際、早川がせき止められて誕生した。富士山を望む湖上には箱根海賊船や箱根芦ノ湖遊覧船が航行し、観光客の人気を集める。

箱根海賊船

❷ 箱根登山鉄道

日本で最も急な勾配や急カーブ、スイッチバックなどがあり、強羅までの各温泉地を結ぶ山岳鉄道。線路沿いのあじさいが咲く梅雨時は「あじさい電車」として乗客を楽しませる。

❸ 箱根神社

古来より山岳信仰の地であった箱根に奈良時代に創建。「箱根権現」として源頼朝、北条早雲ら関東武家の篤い崇敬を集めた。境内には縁結びで有名な九頭龍神社の新宮もある。

九頭龍神社新宮

❹ 箱根関所と旧東海道
🕒 9:00〜17:00（12〜2月〜16:30）

「天下の嶮」と謳われた箱根は峠越えと関所の厳しさもあり、東海道最大の難所とされた。江戸幕府が芦ノ湖畔に置いた箱根関所は当時の匠の技や道具を使い復元されている。関所付近などには旧東海道の石畳が保存され、往時を偲びながら散策することができる。

❺ 旧東海道石畳

静岡県

三島市

山伏峠
1035

芦ノ湖スカイライン

箱根峠
849

箱根峠I.C

箱根海賊船

① 芦 ノ 湖

箱根芦ノ湖遊覧船

山のホテル

箱根駅伝折返点 ⑥

④ 箱根関所

③ 箱根神社

箱根

大観山
1012

屏風山
948

成川美術館

元箱根

芦ノ湖

石畳 ⑤

椿ライン

箱根新道

白銀山
993

旧東海道

新崎川

アネスト岩田ターンパイク箱根

星ヶ山
815

小田原城

御殿場市
東名高速道路

箱根スカイライン
箱根裏街道

三国山 1102
外輪山
湖尻峠
長尾峠 ・911
乙女峠 ・1005
金時山 1212
乙女トンネル

箱根湖畔
湖尻
神山 1438
とうげんだい
うばこ
箱根
台ヶ岳 1045
大箱根
仙石
矢倉沢峠

九頭龍神社
駒ヶ岳 ・1356
こまがたけちょうじょう
駒ヶ岳ロープウェー
はこねえん

箱根山
大涌谷
おおわくだに
箱根ロープウェイ
山上湯
仙石原
箱根湿生花園
箱根ラリック美術館
仙石原

富士箱根伊豆国立公園
湯ノ花
小塚山 859
元湯
Ⓐ ポーラ美術館
Ⓑ
箱根ガラスの森美術館
火打石岳 989

下二子山
芦之湯
山下湯
そううんざん
明神ヶ岳 1169

湯坂路
・837
鷹ノ巣山
登山ケーブル
箱根小涌園ユネッサン
岡田美術館
箱根美術館
箱根強羅公園
強羅
ごうら
南足柱市

飛竜ノ滝
小涌谷
ちょうこくのもり

神奈川県
こわきだに
彫刻の森美術館

畑宿
箱根町
みやのした
山宮ノ下
明星ヶ岳 ・924

堂ヶ島

おおひらだい
早川
・17
須雲川

塔之沢
とうのさわ
箱根登山鉄道
②

はこねゆもと
湯本

小田原市

COLUMN

箱根駅伝

正月2日・3日に開催される「東京箱根間往復大学駅伝競走」、通称「箱根駅伝」。特に5区の「山上り」は標高差874mもの箱根山中を駆け上る難所で、ここを制した走者が「山の神」としてマスコミを賑わす。また、各走者にも沿道の声援が送られ数々の感動を生む。折返点付近には「箱根駅伝ミュージアム」や「箱根駅伝 栄光の碑」など関連施設もある。

❻ 折返点前に立つ「箱根駅伝ミュージアム」（右）と、芦ノ湖畔の「栄光の碑」

 ## 箱根温泉郷

箱根の玄関口、箱根湯本温泉

箱根湯本、塔之沢、宮ノ下、小涌谷、強羅、仙石原など20の温泉地が点在する。宮ノ下の富士屋ホテルや小涌谷の小涌園ユネッサンなど、さまざまな温泉施設がある。

美術館めぐり

広大な野外美術館である彫刻の森美術館、ポーラ美術館、箱根ガラスの森美術館、岡田美術館など多彩な美術館が点在する。美術館めぐりも箱根観光の楽しみの一つだ。

Ⓐ ポーラ美術館　　Ⓑ 箱根ガラスの森美術館
Ⓒ 彫刻の森美術館

Ⓐ

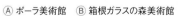

Ⓒ　Ⓑ

足をのばして伊豆・富士へ
雄大な富士の麓と伊豆半島の旅

千葉

三方を海に囲まれた千葉県は、黒潮の影響を受けた温暖な気候で、歴史的な街並みや独特の文化が息づく漁師町、海岸線に続く雄大な景色などエリアによって違った魅力を楽しめる。サーフィンやヨットなどのマリンスポーツも盛んだ。

九十九里浜

毎年1000万人以上が訪れる
不動尊信仰の総府

成田山新勝寺 成田市

真言宗智山派の大本山であり古くから信仰を集めてきた。平将門の乱を平定するため、平安時代に天皇より命じられ、それ以降1日も絶やさず行われてきた御護摩祈祷が有名。家内安全、商売繁昌などを祈願する人で賑わう。

気ままにひと巡り

上総丘陵の幻想的な風景

九十九谷の雲海 君津市
（くじゅうくたにのうんかい）

房総三山にも数えられる鹿野山（かのうざん）。そこから見る、幾重にも連なる雲海は実に神秘的だ。特に日の出後と日の入り前の情景はすばらしく、「房総の魅力500選」「ちば眺望100景」に選定されている。

東京湾の真ん中にあるパーキングエリア

海ほたる 木更津市

神奈川県川崎市と千葉県木更津市を結ぶ東京湾アクアライン上にある、全長約650mのパーキングエリア。晴れた日の富士山や東京湾の夕景はすばらしく、ドライブやデートのコースとしておすすめだ。

関宿城
A
①
関宿
茨城
36°　140°
桜とツツジの名所で、ボタンなど500種以上の花が咲く
東武野田線
（東武アーバンパークライン）
清水公園
御用蔵醤油
野田
運河水辺公園
約8.5kmの利根運河の周囲にソメイヨシノ
柏まつり
常磐自動車道
あびこ
チンガラ餅行事
流山
柏
我孫子
②
本土寺
常盤平
ぐるっと通り
梨狩り
松戸
鎌ケ谷
江戸川を見下ろす高台の古戦場跡に咲く桜
弘法寺
里見公園
市川
野菊の墓
里見八犬伝由来の樹齢約400年の伏姫桜
東京
船橋
浦安
谷津バラ園
800種7500株のバラ
東京ディズニーリゾート
幕張メッセ
千葉市花の美術館
人気のあるコスモスの花畑の他、バラやキクな

東
35°30'
海ほたる
東京湾アクアライン
アナゴ
湾
袖ケ浦
袖ケ浦公園
アサリ
小櫃川
木更津
きさらづ
證誠寺
ノリ養殖
狸ばやしで有名
富津岬
君津
富津
小糸川
富津黒皮カボチャ
庭園のある紅葉の名所
神野寺
鹿野山
379▲
③
暗所で光を反射し、黄金色に見える藻類
ヒカリモ発生地
マザー牧場
房総
高宕山
315▲
イセエビの殻でとったダシで仕立てた味噌汁
具足汁
金谷
鋸山
329▲
日本寺
湊
大山千枚田
きよなん
愛宕山
408▲
鋸南
江月水仙ロード
富津館山道路
浦賀水道
南房総
P.54·55
安
房
南房総
富浦
おおつの里
花倶楽部
あ
わ
とみうら
枇杷倶楽部
三芳
丸山
なめろう
和田
館山
和田浦ローズマリー公園
たてやま
35°
館山湾
小松寺
洲崎
城山公園
千倉
房総フラワーライン
常楽山萬徳寺·涅槃仏
ちくら·潮風王国
平砂浦
〈410〉
白浜
白間津花畑
野島崎
140°

佐原 ▶P.56
銚子 ▶P.57

たびごよみ

2月上旬	成田山新勝寺節分会(B2)	7月下旬	柏まつり(A2)
7月中旬	佐原の大祭夏祭り	9月下旬	大原はだか祭り(B3)
	(八坂神社祇園祭)(B-C2)	10月上旬	大多喜お城まつり(B3)
	白浜海女まつり		ちばYOSAKOI(B2)
	(野島埼灯台周辺　A4)	10月中旬	佐原の大祭秋祭り
7月下旬	茂原七夕まつり(B3)		(B-C2)

下総国の一宮として厚い
信仰を受けてきた古社

香取神宮 香取市

日本全国に約400社ある香取神社の総本社。明治以前に「神宮」と称されたのは伊勢、鹿島と香取神宮の3社のみであった。水戸光圀が自ら植えたといわれる黄門桜をはじめ、境内を彩る桜も有名。

季節を問わず150種類10万株の草花を楽しめる

ふなばしアンデルセン公園 船橋市

デンマークをイメージした自然豊かなテーマパークで、年間を通じて多彩な花木が見られる花スポットとしても人気だ。園内の風車はデンマークの職人の手による本格的なもの。

（地図内注記）

- あけぼの山農業公園　一面に広がるコスモスやヒマワリ、風車前の畑のチューリップ
- 水生植物園
- 小林牧場
- 甚兵衛公園
- 日本の名松100選に選ばれたマツと桜
- 成田山新勝寺
- 成田祇園祭
- ふなばしアンデルセン公園
- 下総成田バラ園
- 国立歴史民俗博物館
- 佐倉城址公園
- 成田国際空港
- 千葉市動物公園
- 加曽利貝塚
- 猪鼻公園　夜桜が城に映える千葉常胤が居を構えた千葉発祥の地
- 泉自然公園
- 千葉東金道路
- ちばYOSAKOI
- 上総更級公園
- 東京ドイツ村　ドイツの農村をイメージした園内に咲くナノハナやチューリップ
- 茂原牡丹園
- 長福寿寺　ベニバナの名所
- 茂原公園　弁天湖の周囲にソメイヨシノなどが咲く
- 茂原七夕まつり
- むつざわつどいの郷
- 市原ぞうの国
- 白尾火山灰層
- 久留里城
- 養老渓谷
- 筒森もみじ谷　道路の両側の数多くのモミジが美しい
- 房総スカイライン
- 麻綿原高原　天拝園と名づけられた妙法生寺にアジサイ2万株
- 清澄山377
- 清澄寺
- 鴨川シーワールド
- 仁右衛門島
- 鴨川オーシャンパーク
- 沿線にナノハナ、アジサイ、レンゲ
- 大多喜城
- 大多喜
- 大原はだか祭り
- 御宿海岸
- 小見川城山公園
- 赤橋とライトアップされた桜が幻想的
- くりもと 紅小町の郷
- 上総の自然で育てられた牛肉。さっぱりとした味の脂が特徴　かずさ和牛
- 多古あじさい館
- 県下最大級の梅林　坂田城跡
- 房州一寸ソラマメ
- オライはすぬま
- 九十九里ハーブガーデン
- イワシのゴマ漬け　九十九里浜で獲れたイワシを酢漬けにし、ゴマと和えたもの。行事食や酒の肴として親しまれる
- 利根かもめ大橋
- ぬれせんべい
- 岩がき鍋
- 醤油
- サンマ
- マイワシ

凡例
- 百 百名山
- 百 花の百名山・新花の百名山
- 百 日本さくら名所100選
- 百 日本紅葉の名所100選
- おもな祭
- 快水(海水)浴場百選
- 棚田百選
- おもな道の駅

味覚探訪 **たびぐるめ**

くじらのたれ

南房総に江戸時代から伝わる名産品で、鯨の干し肉のこと。地元では、酒の肴のほかご飯のおかずとしても人気だ。

イワシのなめろう

味噌や薬味と合わせて包丁でたたき、酢や醤油をかけて食べる。九十九里浜一帯はイワシの水揚げが多いことで有名。

落花生

国内産の落花生のうち、約8割を千葉産が占める。主な品種は、千葉半立、ナカテユタカ、郷の香、おおまさりの4種。

彩あふれる花めぐり 南房総

房総半島の沖合を暖流が流れるため、冬でも比較的温暖な気候の南房総。早春から始まる花摘みや夏のマリンリゾートなど、一年を通して遊べる人気の観光地だ。

ナノハナ
1〜2月

©（公社）千葉県観光物産協会

花や動物たちとのふれあい体験 ❶ マザー牧場 富津市

ペチュニア
7月上旬〜9月下旬

水仙
12月下旬〜2月中旬

ネモフィラ
4月中旬〜5月上旬

ナノハナ
2月中旬〜4月上旬

花や動物とのふれあいが楽しめる標高約300mに位置する観光牧場。季節の味覚狩りやバンジージャンプなどのアトラクション、グルメ、グランピング宿泊施設まで併設されている。

ひと足早い春を満喫
❷ 房総フラワーライン

館山市下町から南房総市和田町まで、海岸線沿いを走る約46kmのドライブロード。早春から夏まで花々が道沿いを彩る。1〜2月は平砂浦海岸沿いにナノハナ畑が広がる。

水仙
12〜2月

ほのかな香り漂う
❸ 水仙ロード
鋸南町

福井県の越前、兵庫県の淡路島とともに日本三大水仙群生地とされる。江月地区の町道の両側約3kmにわたって、約1000万本の水仙が咲く。片道30〜40分ほどのハイキングコースとしても楽しめる。

©（公社）千葉県観光物産協会

大小375枚の棚田 ❺ 大山千枚田 鴨川市
（おおやませんまいだ）

丘陵地にある約4haの棚田。急傾斜地に階段のように連なり、日本で唯一雨水のみで耕作を行っている天水田。「日本の棚田百選」に選ばれている。

「棚田のあかり」のようす
（10月下旬〜1月上旬）

ナノハナ列車が人気
❹ いすみ鉄道

大原駅から上総中野駅まで14駅、約26.8kmのローカル鉄道。春には沿線にナノハナや桜が咲き、秋は紅葉が見られ、山里の鉄道旅が楽しめる。

10km

東京　六本木ヒルズ　東京タワー　東京IC　レインボーブリッジ　横浜　みなとみらい21　中華街　三溪園　横浜・八景島シーパラダイス　横須賀　三浦半島　三崎　城ヶ島　マグロ

浦安　葛西臨海公園　葛西臨海水族園　イクスピアリ　東京ディズニーリゾート　東京ディズニーランド　東京ディズニーシー　東京国際空港（羽田）　川崎大師

東　京　湾

船橋　習志野　四街道　八街　佐倉IC　DIC川村記念美術館　成東　山武　東金　九十九里　大網白里　白子町アクア健康センター

千葉　千葉城　千葉ポートタワー　千葉東金道路　泉自然公園　茂原　茂原牡丹園　長生　白子　九十九里ビーチライン

木更津沖合い4.4kmに造られた人工島　海ほたる　袖ケ浦　東京ドイツ村　市原　千葉こどもの国

木更津　證誠寺　「しょう、しょう、しょうじょうじ～」「證城寺の狸ばやし」のモデルの寺　君津

富津　富津公園　富津岬　君津スマートIC　鹿野山神野寺　379

房総半島　チバニアンの地層　大多喜　大多喜城　小江戸大多喜　城と渓谷の町

鴨川シーワールド　海のエンターテイナーが勢揃い　水族館の裏側も見られます

勝浦　月の沙漠記念館　月の沙漠記念像
♪『月の沙漠』に歌われた美しい砂浜とエキゾチックな像

マザー牧場❶　動物や植物に囲まれ牧場ライフを満喫

東海千五百羅漢　地獄のぞき・大仏　百尺観音　十州一覧台　日本寺　水仙ロード❸　鋸山ロープウェイ　鋸山　329　鋸南

富山　349　御殿山　364　伊予ヶ岳　336　嶺岡牧場

房州うちわ（富浦）　富浦は日本三大うちわ生産地の一つ

南房総　館山　南房総国定公園　安房神社　白浜　野島崎灯台　白間津花畑　海辺に広がるお花畑で花摘み

フラワーライン❷　洲崎神社　アロハガーデンたてやま

房総フラワーライン

シャチのパフォーマンスが人気
❻鴨川シーワールド
鴨川市

「海の世界との出会い」をコンセプトにした水族館テーマパーク。800種1万1000点を超える海の生き物が展示されている。なかでもシャチ、ベルーガ、イルカやアシカなどのパフォーマンスが人気。

日本三大朝市の一つ
❼勝浦朝市
勝浦市

鯵の干物

戦国時代の1591（天正19）年に開催以来、430年以上の歴史があり、地元で採れた野菜・果実などの山の幸や、新鮮な魚介類、乾物などの加工品などが並ぶ。水曜以外の毎日、下本町と仲体町の2か所で開催されている。

江戸情緒が漂う水郷の町
佐原
香取市

江戸時代の利根川水運の河港として年貢米の集散地となり発展した。江戸情緒あふれる佐原は、下総国一宮・香取神宮の門前町としても知られる。

風情たっぷりの舟めぐり
❶ 小野川遊覧
佐原の中心を流れる小野川。古い建物が残る町並みを舟から眺め、船頭から観光名所の解説を聞きながら、ゆったりと舟下りを楽しめる。

樋橋（じゃあじゃあ橋）
小野川沿いの柳

歴史ある商家や土蔵
❷ 河港の町並み
小野川と香取街道が交差する忠敬橋周辺に、江戸末期から明治の木造町家建築、蔵造りの店舗建築などが軒を連ねている。伊能忠敬旧宅前にある樋橋は、用水の音から「じゃあじゃあ橋」の通称で親しまれ、人気のスポットとなっている。

忠敬の業績を偲ぶ
❸ 伊能忠敬記念館

記念館の対岸にある伊能忠敬旧宅

我が国初の実測日本地図を制作した、伊能忠敬の自筆の測量日記や測量器具などが展示されている。正確かつ芸術的な伊能図を多数見ることができる。
🕐9:00〜16:30

東洋一を誇る （地図p.53C2）
水郷の花菖蒲
水郷佐原あやめパークでは400品種150万本のハナショウブを観賞できる。あやめ祭り期間中の小舟めぐりが人気。

ハナショウブ
5〜6月

©（公社）千葉県観光物産協会

関東三大山車祭の一つ **佐原の大祭**
7月の八坂神社祇園祭と10月の諏訪神社秋祭りの総称で、約300年の伝統ある大祭。夏祭りに10台、秋祭りに14台の豪華な山車が、日本三大囃子「佐原囃子」を響かせながら、古い町並みを曳き廻される。

佐原

銚子

海と陸が生み出す絶景ジオラマ

三方を利根川と太平洋に囲まれた歴史ある港町。
太平洋を一望できるスポットや魅力あふれる海岸、
新鮮な魚や野菜など豊かな食が大きな魅力だ。

海に沈む夕日が美しい
❶ 地球の丸く見える丘展望館
🕐9:00〜18:30(10〜3月は〜17:30)

標高74mの愛宕山の頂上にある展望台。360度大パノラマで、
近くの屏風ヶ浦や九十九里浜から遠くは筑波山や富士山まで一
望できる。"地球が丸い"ということを実感できるスポット。

©(公社)千葉県観光物産協会

洋上の絶景朝日
❷ 犬吠埼

関東地方最東端の
岬で、三方を海に
囲まれた海食台。
銚子観光のシン
ボル犬吠埼灯台
が立つ。日本一
早い朝日を拝める
ことでも有名だ。

銚子沖で子育てするイルカ
イルカ・クジラ ウォッチング

親潮と黒潮がぶつかり合う豊かな漁場
が広がる銚子沖に、20種類以上のイル
カやクジラが1年を通して姿を見せる。

千葉県が誇る、日本屈指の漁港
❸ 銚子漁港

全国有数の水揚げ量を誇り、イワ
シやサバ、マグロなどが有名。なか
でも、秋から春先にかけて水揚げされ
るブランド「極上さば」は希少で美味。

©(公社)千葉県観光物産協会

太平洋が創った断崖
❹ 屏風ヶ浦

銚子半島南西側約10kmにわた
り屹立する、高さ40〜50mの
断崖。太平洋の波に侵食された天
然の景勝地で雄大な眺めが広がる。

©(公社)千葉県観光物産協会

銚電を救った自社ブランドの「ぬれ煎餅」
❺ 銚子電鉄

銚子駅と外川駅の全10駅、全長6.4kmの路線。
長年の赤字などで資金難に陥ったが、副業として
自社ブランド「ぬれ煎餅」の販売を開始。「電車修
理代を稼がなくちゃ、いけないんです」という前
代未聞のコピーを発信したところ注文が殺到し、
全国的な話題となった。銚子名産のヤマサ醤油を使った「ぬれ煎餅」
の売れ行きは今も好調で、ミニローカル線の経営の助けとなっている。

©(公社)千葉県観光物産協会

銚子

埼玉

都心から近く東京のベッドタウンとして栄えてきたが、秩父や長瀞などの豊かな自然と、蔵造りの街並みで知られる川越など、観光資源も多い。荒川や利根川などが流れ、県土に占める河川の割合が約4%と全国一を誇る。

狭山茶とトトロの森

一面が真紅に染まる曼珠沙華の里

巾着田 日高市

ユニークな名称は、周囲を流れる高麗川の蛇行により、長い年月をかけてつくられた平地の形が「きんちゃく」に似ていることからつけられた。多くの花々が見られるが、なかでも秋に咲く曼珠沙華の姿は見事だ。

凡例

- 百 百名山
- 百 花の百名山・新花の百名山
- 百 日本さくら名所100選
- 百 日本紅葉の名所100選
- おもな祭
- おもな花火
- おもな道の駅

0 10km

樹齢約650年といわれるフジ
骨波田の藤
御岳の鏡岩
こだま千本桜 小山川河畔を彩る桜
あじさいの小路 麓から山頂まで順に咲く林道沿いのアジサイ
種類豊富なハギが咲く萩寺 洞昌院
深谷は国内有数のチューリップ産地
深谷グリーンパーク
煮ぼうとう
深谷ネギ
城峯公園 紅葉と冬桜が同時に見られる
長瀞宝登山梅百花園・ロウバイ園 梅約170種470本とロウバイ約3000本
皆野寄居バイパス
Mahora稲穂山 ムクゲや野草の群生
1300年の歴史ある慈光寺参道に桜とシャガ 慈光山歴史公苑
たらし焼き
太田道灌ゆかりのヤマブキ 山吹の里歴史公園
丘に広がるツツジのパノラマが美しい 五大尊つつじ公園
越生梅林
あじさい街道 街道約3kmにかけて咲くアジサイ
小鹿野歌舞伎 江戸時代から土地に息づく文化遺産
椋神社
おっきりこみ
両神山
丸神の滝
両神山麓花の郷 ダリア園
両神
両神温泉薬師の湯
小鹿野
吉田
干し柿
秩父神社
羊山公園
そば
羊山公園内の「芝桜の丘」
シダレザクラの名所
正丸峠
清雲寺
浦山渓谷 浦山川がつくる風光明媚な紅葉の名所
竹寺
名栗
八王寺
ムーミンバレーパーク
茅の輪
高麗神社
三国山
秩父夜祭 京都、高山と並ぶ三大曳山祭の一つ
つとっこ
中津峡
秩父もみじ湖
秩父湖
大滝温泉
みつみねぐち
あらかわ
大滝
三宝山
甲武信ケ岳
雁坂トンネル
笠取山
飛龍山
雲取山
三峰山 神社周辺のカエデなど深山の紅葉 三峰神社
かてめし 旬の野菜を使ったまぜご飯。ひなの節句、七夕、お盆などに作られる

上里
本庄
煮ぼうとう
神川
児玉
美里
岡部
深谷
ふかや
神泉
花園
長瀞
寄居
はなぞの
皆野
東秩父
小川
おがわまち
都幾川
玉川
ときがわ
越生
おごせ
毛呂山
伊豆ケ岳
あがの
高麗神社
はんのう

▶P.62-63

関東
長野
山梨
東京

たびごよみ

3月下旬～4月中旬	5月下旬	8月上旬	10月上旬
幸手桜まつり(E2)	浦和うなぎまつり(E3)	朝霞市民まつり彩夏祭(E3)	ところざわまつり(D3)
5月	7月下旬	戸田橋花火大会(E3)	10月下旬
バラまつり	深谷まつり(D2)	8月下旬	川越まつり(D3)
(町制施行記念公園 E2)	入間川七夕まつり(D3)	南越谷阿波踊り(F3)	12月上旬
	熊谷うちわ祭(祇園祭)(D2)		秩父夜祭(秩父神社 C3)

権現堂堤 幸手市
桜並木が美しい関東有数の名所

大正時代から続く桜の名所で、1kmにわたって咲き誇る約1000本の桜に多くの人が魅了されてきた。恒例の「幸手桜まつり」は約100店舗の露店が出るほか、お茶会なども行われ大変盛り上がる。秋の曼珠沙華も見事だ。

◆ なまず料理

伝統的に川魚料理が食べられてきた吉川市には、老舗の割烹料亭も多い。
福寿家(吉川市)

◆ ゼリーフライ

じゃがいもやおからを油で揚げ、ソースをくぐらせたもの。形が小判(銭)に似ていることからこの名前がついたとか。

東武動物公園 白岡市・宮代町
動物園と遊園地が一緒になったハイブリッド・レジャーランド

国内でも珍しいホワイトタイガーを間近で見ることができる動物園には、約120種の動物が生息。水上木製コースターが人気の遊園地のほか、夏にはプール、冬にはイルミネーションと見どころが尽きないスポットだ。

鉄道博物館 さいたま市
見て学んで楽しめる鉄道の歴史博物館

御料車を含む42両の実物車両の展示を中心に、鉄道技術やシステムの変遷を時代やテーマごとに紹介。かつての食堂車をテーマとしている館内のレストランも懐かしさを感じさせるスポットだ。

36°15′ Ⓓ 139°30′ Ⓔ 139°45′

あじさい寺 能護寺
妻沼 妻沼聖天山 埼玉の小日光
めぬま

別府沼公園
別府沼を中心にハナショウブやアジサイ、ヒガンバナなどが咲く
熊谷うどん

熊谷桜堤
熊谷駅徒歩5分の桜名所

行田フライ
南河原

羽生

忍城
行田
秩父線
ゼリーフライ

加須
いがまんじゅう

渡良瀬遊水地

北川辺
オニバス自生地 埼玉県では唯一の自生地
童謡のふる里おおとね

大利根
くりはし
栗橋

静御前ゆかりの弔いの一本桜
義経

桜、ナノハナ、ヒガンバナ、アジサイなど

茨 城

さきたま古墳
玉敷公園 騎西
樹齢400年をこえる大藤の姿は壮観

古代蓮の里
冷汁うどん
川里

鷲宮

桜まつり
権現堂堤

"ユリの王様"ともいわれるヤマユリの大自生地
武蔵丘陵森林公園

大里

吹上
花のオアシス

コスモスふれあいロード
葛西用水路沿い約6kmにわたる

幸手

滑川
東松山ぼたん園
約6500本のボタンが咲く

鴻巣
菖蒲城趾あやめ園

久喜

滑川

東松山

箭弓稲荷神社
大正時代に東武鉄道の社長が寄贈したボタン園

吉見百穴 吉見

いちごの里 よしみ

ポピー・ハッピー・スクエア
富士山も望める荒川河川敷に広がるポピー畑

北本

菖蒲

町制施行記念公園

白岡
宮代

東武動物公園
とうぶどうぶつこうえん
杉戸 アグリパークゆめすぎと

埼 玉

関越自動車道

坂戸

関 東

鳩山

べに花ふるさと館
桶川市は江戸時代の名産品
おけがわ
べに花
桶川

蓮田

伊奈

春日部
かすかべ

牛島のフジ
日本最大の巨木で国の特別天然記念物保存木

野

鶴ヶ島

上尾

すったて
川島

(東武アーバンパークライン)
岩槻

越谷
こしがや

鶴ヶ島

日高

こまがわ高麗鍋

川越
P.60-61
喜多院
ほんかわごえ
新河岸川の桜
花見舟が運行される桜の名所

さつまいも掘り

大宮公園

松伏

平

野

飯能
ずいきの煮付け
サトイモの葉柄を煮付けたもの

入間川七夕まつり

ふじみ野

富士見

越谷梅林公園
古くから知られた梅の名所
染谷花しょうぶ園
約200種約2万株

吉川
なまず

鉄道博物館
さいたまスーパーアリーナ

越谷

入間

さやま
狭山茶
狭山

大井
三芳

ウナギ
サクラソウ自生地

さいたま

武蔵野線

南越谷阿波踊り
はまどし

三郷

所沢
ところざわ
サクラタウン
にんじんうどん

志木

川口市立グリーンセンター

安行原イチリンソウ自生地 希少な自生地の一つ

狭山湖
ところざわまつり

平林寺

朝霞

蕨

鳩ヶ谷

草加
八潮

草加せんべい

新座
キツネノカミソリ自生地
夏に咲くヒガンバナの仲間

和光
戸田橋花火大会

戸田

川 口

千 葉

35°45′ 139°30′ 35°45′ 139°45′

時の鐘

江戸情緒残す城下町
川越

江戸時代、江戸と新河岸川の舟運で結ばれたことで物資や人の往来が盛んとなる。火事が多い江戸にならい耐火建築として蔵造りや瓦葺屋根の建物が造られた。今も江戸時代の面影が色濃く残る埼玉県屈指の観光地だ。

地図表記：
新河岸川／三芳野神社／川越城・本丸御殿／川越市立博物館／美術館／川越市役所／吉寅／札の辻／もと町（元町）／高沢橋

❶ 蔵造りの町並み

重厚で豪華な蔵造りの土蔵、川越のシンボル「時の鐘」を代表とする歴史的建物群が今なお残るエリア。時の鐘は、川越城主の酒井忠勝によって建てられ、寛永年間から川越の時を刻んでいる。また、明治・大正時代の洋風建築も多く残り、その代表が埼玉りそな銀行川越支店の建物となる。

黒漆喰の壁に重厚な開き扉や堅牢な瓦屋根など風格漂う蔵造りとなる。個性的な30数棟の蔵造りの商家が軒を連ねている。

1918（大正7）年に建てられた大正モダン建築の旧第八十五国立銀行。国の登録有形文化財で、現在は埼玉りそな銀行川越支店として使われている。

❷ 大正浪漫夢通り

大正から昭和初期のレトロで個性的な店舗が約30軒並ぶ。川越城の城下町の特徴として、通りは、戦に備えた「く」の字型の緩やかなカーブを描いている。大正ロマンの雰囲気を求めて、テレビや映画の撮影によく使われている。

毎月8日に縁日開催
❸ 蓮馨寺
（れんけいじ）

室町時代に創建された歴史ある寺。触ると病気が治る「おびんずる様」が祀られ、普段は静かな境内も毎月8日の縁日は多くの人で賑わう。

三代家光と春日局
ゆかりの寺院
❹ 喜多院

江戸城紅葉山から移築再建した書院、客殿、庫裏（くり）など多くの文化財を所蔵している。山門右側にある538体の五百羅漢は、表情豊かな姿で有名だ。

日本三大
東照宮の一つ
❺ 仙波東照宮

家康公が駿府で没し、その遺骸を日光へ移葬する途中、喜多院の天海僧正が法要をあげた。それを機に喜多院境内に立派な東照宮が建てられた。

初雁公園

浅間神社
川越城富士見櫓跡

⛩川越高

絞蔵庵 ❾
成田山別院
⑤仙波東照宮
④喜多院

廓町

三久保町
中央図書館

久保町
西小仙波町

市民会館

🏣川越局

文川越小

松江町

大 手 町

松 江 町

コープみらい

⛩川越局

かねつき通り

②大正浪漫夢通り
大正館

菓匠右門
時の鐘

法善寺

埼玉りそな銀行
川越支店蔵の街出張所

山崎美術館
亀屋

🅁食事処

マルエツ

至本川越駅
連雀町

中 央 通

蓮馨寺 ③

蓮 雀 町

服部資料館
蔵造りの町並み(一番街)
①

仲町
まめ屋

⑧菓匠右門
幸 町

大澤家住宅

えぷろん亭
まつり会館

⑦小江戸横町
蔵造り資料館

出世横丁

🅁山屋

仲 町

芋川
門前横丁

長喜院

🅁

卍行伝寺

❻菓子屋横丁

卍養寿院

末 広 町

卍見立寺

新河岸川

石原橋

(大黒天):小江戸川越
七福神
※(寿老人)は地図範囲外

妙善寺
(毘沙門天)

川越城
本丸御殿
④喜多院
成田山別院卍
(恵比須天)

(大黒天)

川越線

かわごえ

川越百万灯夏まつり
川越まつり

松江町

小江戸蔵里
ほんかわごえ

川越市役所
大手町

卍蓮馨寺 ③
(福禄寿神)

西武新宿線

蓮雀町

仲町

時の鐘
一番街
札の辻
蔵造り資料館

かわごえし

東武東上線

菓子屋横町 ❻

見立寺
(布袋尊)
(弁財天)
卍妙昌寺

新河岸川

0 ──── 400m

ノスタルジックな通り ❻ **菓子屋横丁**

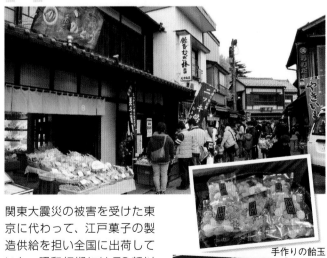

手作りの飴玉

95cmと
日本一長い
黒糖ふ菓子

関東大震災の被害を受けた東京に代わって、江戸菓子の製造供給を担い全国に出荷していた。昭和初期には70軒以上の店があったが、現在は10数軒の菓子屋が当時の面影を残している。飴玉など数ある江戸菓子のなかでも「日本一長いふ菓子」が人気。

COLUMN

芋スイーツ

享保の飢饉をきっかけに川越で栽培され始めた。将軍家へ献上すると、美しい色と味の良さから「川越芋」の名がついたと伝わる。

❼ **焼きいも**
温度・湿度を管理した最新のオーブンで焼く「ねっとり系」「しっとり系」「ほくほく系」の焼きいも3種類が楽しめる。
芋川

❽ **いも恋**
さつまいもとつぶ餡を山芋ともち粉のモチモチ感のある生地で包んだまんじゅう。昔なつかしい風味が大人気。
菓匠右門

❾ **つばさかりん**
さつまいもを餡に仕上げ、じっくりと煮詰めた「こがし蜜」を生地に練りこみ、香ばしく油でカリッと揚げたかりんとう。
紋蔵庵

秩父・長瀞

武州と甲州をつないだ養蚕の郷
（ちち　ぶ　なが　とろ）

秩父地方は、武州熊谷と甲州をつなぐ重要な地で、古くから物資の集散地として栄えた。また、養蚕が盛んで、この地の絹織物は秩父銘仙として名高く、諸国の絹商人の往来も多かった。霊場巡りや12月の夜祭のほか、自然を満喫できるスポットも多く、今も多くの人々が訪れている。

花のパッチワーク
❶ 羊山公園の芝桜
芝桜 4〜5月

秩父のシンボルともいわれる武甲山の麓、羊山丘陵に、ピンクや白、紫色など9種類、40万株以上の芝桜が斜面を埋め尽くす。開花期間中はさまざまなイベントが開催される。

工房で体験を！
❷ ちちぶ銘仙館

秩父織物・銘仙などの貴重な伝統的工芸品を見ることができる。館内にある体験工房では織り体験、型紙を使った染め体験などが楽しめる。
🕘9:00〜16:00

都心から一番近い蒸気機関車
❸ 秩父鉄道

観光用SLであるパレオエクスプレスが熊谷〜三峰口間で運行している。機関車C58は、「シゴハチ」の愛称で親しまれている。

秩父の自然をアクティブに体感

❹ 長瀞ラインくだり

荒川の蛇行する緩急の流れを手漕ぎ和舟で下る。全長約6kmを2区間に分けて運航、各コースとも所要15〜20分。

©（一社）長瀞町観光協会

❺ ラフティング

長瀞の急流を、仲間と一緒にパドルを漕ぎながら下る。新緑や紅葉を川から見ることができ、自然を満喫できる。

● COLUMN
自然が育んだ郷土の味

蕎麦
四方を山々に囲まれ、一日の寒暖差や夏期と冬期の気温差も大きく、良質な蕎麦が育つ。腰が強く、風味豊かな蕎麦だ。

鮎
荒川の上流に位置しているため水が綺麗で鮎が多く生息している。6〜9月の鮎漁解禁期間中は多くの釣り人が訪れる。

©（一社）長瀞町観光協会

両神山 ▲1723
志賀坂峠
尾ノ内氷柱
白井差渓谷
丸神の滝
御岳山 ▲1080
SL転車台公園
贄川
みつみねぐち
しろく
三峯神社
熊倉山 ▲1427
法雲寺卍
川浦渓谷
不動滝

日本三大曳山祭の一つ

❻ 秩父夜祭

12月2日・3日開催
（2日が宵宮、3日が大祭）

秩父の総社、秩父神社の例大祭で300年あまりの歴史がある。京都祇園祭、飛騨高山祭とともに日本三大曳山祭の一つ。勇壮な屋台囃子を打ち鳴らし、絢爛豪華な4基の山車が町中を曳き廻される。3日の夜、数多くの提灯が揺れる1台20tもの笠鉾や山車の6基が、傾斜のある団子坂を一気に曳き上げられると空には花火が打ち上がり、祭は佳境を迎える。真冬の夜を染める極彩色の夜祭は「山・鉾・屋台行事」としてユネスコ無形文化遺産に登録されている。

札所十三番の慈眼寺

江戸時代から栄える霊場

❼ 秩父三十四ヶ所観音霊場

この地方にある34カ所の観音霊場で、これらを巡ることを秩父札所巡りという。坂東33カ所、西国33カ所とともに日本百番観音に数えられている。

天空のパワースポット

❽ 三峯神社

標高1102mの三峰山山頂にある修験者の聖地。神域の霊気に満ちた願望実現・金運のパワースポットとされ、天体ファンに人気の観測地でもある。

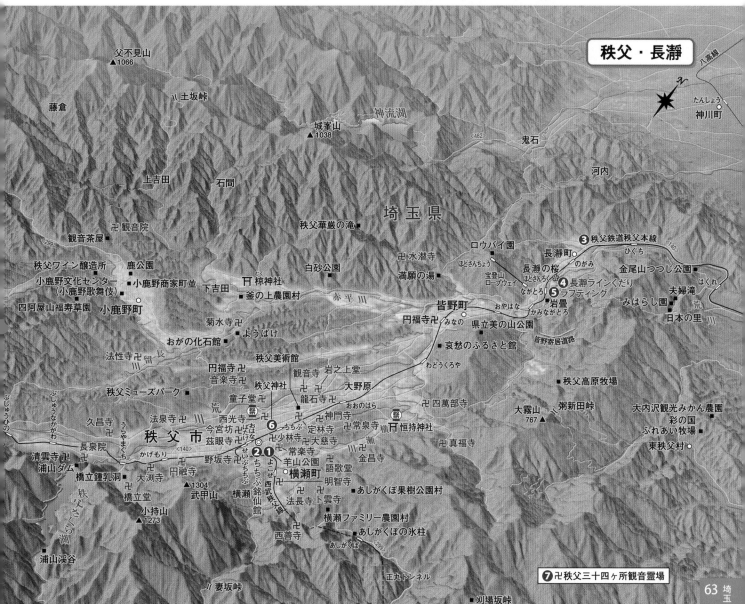

秩父・長瀞

八高線

父不見山 ▲1066
藤倉
土坂峠
神流湖
たんしょう
神川町
城峯山 ▲1038
鬼石
〈462〉
河内
上吉田
石間
埼玉県
卍観音院
秩父華厳の滝
❸ 秩父鉄道秩父本線
観音茶屋
〈140〉
ロウバイ園
長瀞町
のがみ
長瀞の桜
金尾山つつじ公園
秩父ワイン醸造所
鹿公園
白砂公園
卍水潜寺
ほどさんちょう
宝登山ロープウェイ
ほどさんろくえき
はくれ
小鹿野文化センター
（小鹿野歌舞伎）
小鹿野商家町並
満願の湯
夫婦滝
みはらし園
四阿屋山福寿草園
下吉田
卍椋神社
❹ 長瀞ラインくだり
ながとろ
小鹿野町
釜の上農園村
赤平川
皆野町
おやはな
❺ ラフティング
日本の里
菊水寺卍
卍円福寺
みなの
かみながとろ
岩畳
おがの化石館
ようばけ
県立美の山公園
荒
皆野寄居道路
わどうくろや
秩父高原牧場
法性寺卍
秩父美術館
川
円福寺卍
観音寺 岩之上堂
哀愁のふるさと館
音楽寺卍
大野原
四萬部寺卍
大霧山 767▲
粥新田峠
秩父ミューズパーク
秩父神社
龍石寺卍
おおのはら
大内沢観光みかん農園
彩の国ふれあい牧場
荒
童子堂卍
祭
神門寺卍
卍常泉寺
卍恒持神社
卍真福寺
東秩父村
久昌寺卍
法泉寺卍
西光寺
〈140〉
ちちぶ
定林寺卍
ぶしゅうの
ぶしゅうながわ
秩父市
今宮坊卍
慈眼寺卍
少林寺卍
大慈寺卍
清雲寺卍
長泉院
かげもり
野坂寺卍
常楽寺卍
卍語歌堂
浦山ダム
橋立鍾乳洞
大渕寺卍
円融寺
❷❶
ちちぶ西武仙館
卍羊山公園
明智寺卍
金昌寺卍
あしがくぼ果樹公園村
橋立堂
▲1304
よこぜ
秩父さくら湖
武甲山
横瀬
卍雲寺
浦山渓谷
小持山 ▲1273
横瀬町
法長寺卍
横瀬ファミリー農園村
西善寺
あしがくぼの氷柱
あしがくぼ
妻坂峠
正丸トンネル
❼卍 秩父三十四ヶ所観音霊場
刈場坂峠

茨城

約170kmにおよぶ長い海岸線と広大な関東平野が広がる茨城県は、筑波山、八溝山などの名山があり、霞ケ浦、利根川といった水源にも恵まれている。アンコウやカツオなど魚介類をはじめ、野菜や納豆など郷土の味覚も魅力的だ。

竜神大吊橋(常陸太田市)

神武天皇元年創祀の常陸国一宮

鹿島神宮 鹿嶋市

御祭神は、武の神として古くから崇敬されてきた武甕槌大神で、勝負事にご利益ありとされている。現在の本宮は徳川二代将軍、秀忠により奉納されたもの。

水郷を彩るたおやかなあやめの風情

水郷潮来あやめ園 潮来市

約500種、100万株のあやめ(花菖蒲)が咲き誇る光景は圧巻。恒例の「水郷潮来あやめまつり」では「嫁入り舟」や手漕ぎの「ろ舟遊覧」といった、水郷の街ならではのイベントも行われる。

凡例

百名山	
花の百名山・新花の百名山	
日本さくら名所100選	
日本紅葉の名所100選	

福島

140°30′

ⒸC

モミジやカエデなどの紅葉の名所
花園渓谷
▲花園山
798
卍花園神社

五浦六角堂

平潟

大津

北茨城

野口雨情記念館

ヒラメ
秋から冬にかけて旬を迎える白身魚の代表。沿岸の広大な砂浜域と沖合に点在する磯はヒラメの理想的な漁場となる

①

袋田の滝
百

〈461〉

花貫渓谷
木製の汐見滝吊り橋から見る紅葉は見事

里美
さとみ

安良川
八幡宮卍
常磐線
常磐道

高萩

伊師浜

竜神大吊橋
日本最大級の長さを誇る歩行者専用の橋

竜神峡

凍みコンニャク
全国で唯一この地で生産されている幻の伝統食材

高鈴山

かみね公園

東金砂神社
卍水府
卍西金砂神社

甲神社夏祭り
釜神社

日立

ひたち
諏訪梅林
水戸藩主徳川斉昭が造らせた梅の名園

日立さくらまつり

常陸
大宮

大宮

若宮八幡宮
久昌寺
卍西山御殿
卍佐竹寺

常陸太田
ひたちおおた

鹿島神社卍

河原子

瓜連

那珂総合公園

水木

那珂
かみすがや

東海

36°30′

久慈川

西洋アジサイやガクアジサイが彩る光圀ゆかりの庭
保和苑

国営ひたち海浜公園
▶P.68-69

弘道館

ひたちなか
ひたちなか海浜鉄道
あじがうら

アクアワールド

偕楽園

水戸

水戸
▶P.72

納豆

卍大洗磯前神社

那珂川

那珂湊おさかな市場

茨城
東関東自動車道

水戸の梅まつり

大洗
大洗サンビーチ

アンコウ

②

常陸
鹿島臨海鉄道大洗

無量寿寺
卍

鉾田

茨城空港

平

洋

灘

玉造
たまつくり
たまつくり
〈354〉

西蓮寺
卍

大洋

北浦

ハマナス自生南限地域

大野

全国第二の面積を誇る霞ヶ浦で獲れるワカサギは、透き通るような美しい魚体と繊細な味わいで親しまれている

鹿
島
灘

36°

ワカサギ

行方
なめがた

麻生

上戸川
コスモス畑

カシマサッカースタジアム
鹿嶋まつり

桜川
アサザ
希少な水草アサザの群落

牛堀
卍長勝寺

潮来
いたこ

鹿島
鹿島神宮

水郷潮来あやめ園

③

千
葉

神栖
かみす

140°30′

波崎

凡例
卍 おもな祭
✹ おもな花火
🏊 快水（海水）浴場百選
🚐 おもな道の駅

0   20km

岡倉天心が魅せられ
移り住んだ五浦海岸に建つ

五浦六角堂 北茨城市

明治時代に岡倉天心により設計された、朱塗りの外壁が印象的な六角形の建物。海から打ちつける波が砕け散る、その雄大な光景に、訪れる人は心を奪われる。東日本大震災で流出したが、見事に再建された。

美しい四季の色彩をまとう名瀑

袋田の滝 大子町

約120mの高さがある四段の岩壁を落下することから「四度の滝」とも呼ばれる日本三大名瀑の一つ。新緑で彩られる春や一面を紅く染める秋など、四季折々の美しさを見せるその姿に、多くの文人墨客が感銘を受けた。

気ままにひと巡り

海鮮グルメの食べ歩きも楽しい

那珂湊おさかな市場

那珂湊漁港に隣接し、新鮮な魚介類をリーズナブルに購入できる場所として多くの観光客で賑わう市場。鮮魚店に加え、寿司や定食など海の幸を味わえる飲食店も並び、気軽に海鮮グルメを楽しめる人気スポットだ。

海鮮処 海門（ひたちなか市）

味覚探訪 たびぐるめ

◆ **常陸秋そば**

独特の香りと風味、甘みに優れており、全国のそば職人から高い評価を受けるブランドそばだ。

◆ **あんこう鍋**

「東のアンコウ、西のフグ」とも称される、県を代表する冬の味覚。脂肪が少なく低カロリー。
山翠（水戸市）

◆ **なっとう料理**

水戸の代名詞ともいえる納豆は、会席や創作料理など幅広い料理に使われ、こだわりの味を楽しめる。
山翠（水戸市）

1月から咲く寒咲きナノハナもあり
長い間花を楽しむことができる

みはらしの丘を埋め尽くす
国内最大 約530万本のネモフィラ！

春 ナノハナ 4月中旬～下旬　チューリップ 4月中旬～下旬　ネモフィラ 4月中旬～5月上旬　ポピー 5月中旬～下旬

国営ひたち海浜公園の四季

ひたちなか市馬渡字大沼605-4

総面積350haもの広大なひたち海浜公園は、一面を埋め尽くす春のネモフィラ、秋のコキアで多くの人を魅了してきた。園内の樹林、草地、砂丘、海浜、湧水、湿地など豊かな環境がさまざまな植物を育み、四季折々の花が楽しめる。

秋 パンパスグラス 8月下旬～9月下旬　コキア（紅葉）10月中旬　コスモス 10月上旬～下旬

バラ 5月中旬～6月上旬、10月下旬～11月上旬

最大で約4mまで生長する
パンパスグラスは秋の風物詩。

みはらしの丘がコキアで真っ赤に
染まる期間には、さまざまなイベン
トも行われる

● COLUMN

海浜から内陸へと変化する植生

ひたち海浜公園は、久慈川が運んだ砂でできた砂丘上にある。園内は、海岸砂丘から、内陸の草地、湿地、針葉樹林、落葉広葉樹林と環境が移り変わっていき、それに合わせて植物の分布も変わっていく。海岸付近ではハマナスやハマゴウなどの海浜植物、内陸ではユキワリソウやホタルブクロなどの山野草が見られる。

ハマナス

ユキワリソウ

夏 　ラベンダー 6月下旬〜7月上旬　コキア(緑) 8月中旬〜9月下旬　ジニア 7月下旬〜8月下旬

コキア(和名ホウキギ)
秋の紅葉だけでなく、夏の緑も見事！実は"畑のキャビア"といわれる「とんぶり」の原料である。

アイスチューリップは球根を冷蔵処理して真冬に咲くよう調整したものだ。

冬 　アイスチューリップ 12月下旬〜1月上旬　ウメ 1月下旬〜3月中旬　早咲きスイセン 3月上旬〜中旬

ひたち海浜公園周辺

記号凡例
- ✿ スイセン
- ● ヒマワリ
- ❀ アジサイ
- ❁ イチョウ
- ❀ ウメ
- ✿ サクラ
- ❋ カタクリ

偕楽園

春の茨城を歴史と花でめぐる

ひたち海浜公園		
車 約25分	東水戸道路▷国道51号	
偕楽園		
車 約28分	県道50号▷国道349号▷国道118号	
茨城県植物園		
車 約16分	県道102号▷県道61号	
静峰ふるさと公園		

名峰
筑波山
関東平野を一望

桜川市

男体山 871
男体山御本殿
御幸ヶ原
② 紫峰杉
① 筑波山

女体山 877
③ 出船入船
④ 母の胎内くぐり
⑤ 弁慶七戻り
女体山御本殿

アクセス
【鉄道&バス】JR 土浦駅〜筑波山口下車
【鉄道&バス】つくばエクスプレスつくば駅直結のつくばセンター(バス)〜つつじヶ丘または筑波山口下車
【車】常磐自動車道(土浦北IC)〜国道125号〜県道14号線〜県道42号線
【車】北関東自動車道(桜川筑西IC)〜国道50号〜県道41号線

筑波山ロープウェイ

つつじがおか 中腹の標高542mにある登山拠点 初夏にはつつじが周辺に咲き誇る

筑波スカイライン

風返峠

石岡市

筑紫湖 ふるさとの森

つくば市

紅白の約1000本の梅が植えられており眺望が素晴らしい
筑波山梅林

みやわき

⑥ 筑波山神社

東大地震研究所 筑波観測所

がま公園

筑波山温泉 標高550mの展望 露天風呂から満天の星と関東平野を一望できる絶景スポット

筑波ふれあいの里

月水石神社

八幡塚古墳

つくば わんわんランド

茨城県

筑波山

日本百名山一つ ① 筑波山

西側の男体山と東側の女体山からなり、山そのものが御神体。「西の富士、東の筑波」と富士山と並び称され、朝夕に山肌の色を変えるところから「紫峰」とも呼ばれている。1,000種以上の植物が群生しており、年間を通して自然に親しめる。

登山ルート上の見どころ

筑波山中には古くから信仰を集めてきた奇岩や巨木が多い。例えば、高さ約40m、幹回り7m、推定樹齢800年を誇る紫峰杉、船玉神を祀る出船入船、岩をくぐると生まれた姿に立ち返れるという母の胎内くぐり、聖と俗を分かつ門とされる弁慶七戻りなどが有名だ。

女体山山頂からの眺望

本殿からの眺望は関東一円
⑥ 筑波山神社

筑波山を御神体とする古社。男体山頂にはイザナギ、女体山頂にはイザナミの神が祀られて、それぞれ筑波山神社の本殿がある。

② 紫峰杉
③ 出船入船
④ 母の胎内くぐり
⑤ 弁慶七戻り

● COLUMN ●

筑波嶺の　峰より落つる　男女川(みなのがは)
恋ぞつもりて(こひ)　淵(ふち)となりぬる　　　陽成院

男体山や女体山、男女川の名称を有するため、筑波山は男女の恋模様を詠む歌枕に使われてきた。『小倉百人一首』を紐解くと、陽成院が「筑波嶺の」を枕に、深まりゆく恋心を詠んでいる。こうしたことから、筑波山は縁結び・夫婦和合の神様として知られている。

宇宙につながる
サイエンスタウン
つくば

東京都心から北東へ50km。筑波大学などの教育機関と、約300にもおよぶ研究機関、企業がある。ここでは、さまざまな最先端の科学技術に触れることができる。

©JAXA
全長約50mもあるH-IIロケット

©JAXA
ミュージアムショップ

宇宙の謎とロマンを体感
❶ 筑波宇宙センター ⏰10:00～17:00

最先端の宇宙研究・開発を行うのが筑波宇宙センター。ロケットの実機展示や宇宙航空開発施設の一部をガイド付きで見て回れる。宇宙開発の現場を体感してみよう。

見て・触れて・楽しめる科学館
❷ つくばエキスポセンター ⏰9:50～17:00

科学の不思議を学びながら体験できる展示の他、世界最大級のプラネタリウムでは大迫力の映像と美しい夜空の世界が楽しめる。

宇宙への挑戦ゾーン

シャボン玉の中に入ることができる「シャボン玉のかべ」

高さ約50mのH-IIロケット実物大模型

写真提供:(公財)つくば科学万博記念財団

ドーム径が25.6mある世界最大級のプラネタリウム

● COLUMN
つくばサイエンス
ツアーバス

常設展示館を持っている研究機関を巡る1日乗降自由の路線循環バス。つくば駅前のつくばセンター(バス)を起点に北回りと南回りのコースがあり、各施設を循環している。

運行：土日祝日のみ
運賃：大人500円、子供250円
【北回り】つくばセンター(バス)→国土地理院→つくば植物園→つくばセンター(バス)
【南回り】つくばセンター(バス)→つくばエキスポセンター→産業技術総合研究所→筑波宇宙センター→つくばセンター(バス)

つくば

梅と徳川家ゆかりの城下町 水戸

徳川家康の実子頼房が初代水戸藩主となり、以来、徳川御三家の城下町として栄えた水戸。特に、9代藩主斉昭が弘道館や偕楽園を造るなど、水戸の発展に大きく寄与。今なお徳川家ゆかりの史跡が数多く残る。

梅の名所としても名高い
❶偕楽園

金沢の兼六園・岡山の後楽園とともに日本三名園の一つ。1842(天保13)年に水戸徳川藩第9代藩主徳川斉昭(烈公)が自ら造園した。約13haに100種3000本の梅が植えられ、2月中旬〜3月中旬に行われる「梅まつり」は、長期間にわたり多くの観梅客が訪れる。

好文亭は斉昭自らが設計し、詩歌の会などを催した奥御殿

梅ソフト
ピューレ状の梅肉を練り込んだ梅ソフトは、酸味をきかせた風味豊かな人気スイーツ。
❹ 水戸黄門茶屋

国内最大規模の藩校
❷弘道館

徳川斉昭が武道の修練、幅広い学問の教育・研究を行う藩校として1841(天保12)年に創設。慶喜は5歳からここで英才教育を受けた。
🕘9:00〜17:00(10月1日〜2月中旬は〜16:30)

水戸城の外堀
❸千波湖(せんばこ)

千波湖を取り囲むようにして美術館やカフェ、ボート乗り場などがあり、水戸市民の憩いの場となっている。

高さ約13m の櫓門
❺水戸城大手門

水戸城の正面玄関である大手門は荒廃により明治期に取り壊され2019年に復元された。土塁に取り付く城門としては国内最大級となる。

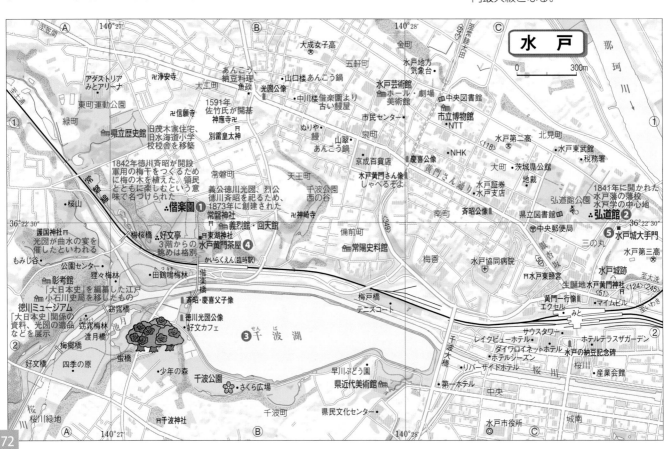

個性的な焼き物と出合う里

笠間

笠間稲荷神社の門前町として古くから発展し、江戸時代中期から笠間焼が始まった。今や200人近い陶芸家が住む芸術スポットとなっている。

アート三昧の散歩道
❶ ギャラリーロード

笠間芸術の森公園そばの道には、約2kmにわたって陶器の工房、ギャラリー、カフェなどが立ち並び、個性的なアートを楽しめる。

SPACE NICO
🕐12:00～17:00

回廊ギャラリー 門
🕐10:00～17:00

芸術の森公園
❷ 笠間工芸の丘

笠間焼作家の常設展やロクロや手びねりで作品を作る体験ができる施設。カフェラウンジ、お土産コーナーもある。
🕐10:00～17:00

美しい石庭で寛ぐ
❹ 春風萬里荘
（しゅんぷうばんりそう）

北大路魯山人が住居としていた約300㎡の茅葺き民家を北鎌倉より移築。魯山人の作品や収集品が展示されている。
🕐9:30～17:00

野外彫刻庭園も必見
❸ 笠間日動美術館

モネ、ゴッホ、ピカソ、東郷青児ほか海外の印象派からエコール・ド・パリの巨匠の作品など約2500点を収蔵している。　🕐9:30～17:00

近現代の陶芸の魅力を紹介
❺ 茨城県陶芸美術館

「伝統工芸と新しい造形美術」をテーマとした東日本初の陶芸専門の県立美術館。国内外の優れた作品を鑑賞できる。
🕐9:30～17:00

日本三大稲荷の一つ笠間稲荷が鎮座する笠間は江戸時代から続く笠間焼のふるさと。5月頃と11月頃に開かれる焼き物市には全国から多くの観光客が訪れます

凡例
- ☆ いなり寿司が食べられる店
- 🏺 笠間焼窯元
- 🍽 笠間焼の器で料理が楽しめるレストラン

0　　500m

日本最古の菊まつり
毎年10月下旬～11月下旬に開催される

樹齢400年以上の藤棚が見事
❻ 笠間稲荷神社

京都の伏見、佐賀の祐徳とともに日本三大稲荷の一つ。1360年以上の歴史があり、庶民の神様として全国より信仰を集めている。

笠間いなり寿司

特徴は蕎麦、くるみ、舞茸などさまざまな素材を使った"変り種いなり寿司"となる。参拝客に人気だ。

栃木

世界遺産である日光の社寺や日本一の鉱都と呼ばれた足尾銅山跡などの歴史スポット、那須高原の豊かな自然、日本最古の総合大学といわれる足利学校など、バラエティに富む各地の素顔が魅力。

たびごよみ

1月	6月上旬
佐野厄除け大師初詣（惣宗寺 B3）	平家大祭（湯西川温泉 B2）
1月～3月	8月上旬
奥日光湯元温泉雪まつり（A2）	足利花火大会（渡良瀬川河川敷 A3）
1月～5月	11月
いちご狩り（県内各所）	足利学校さままつり（A3）
4月～5月	
SL・桜・菜の花街道（真岡鐵道沿線 C3）	

日光・霧降滝

"日本一の鉱都"に栄光の跡を訪ねる
足尾銅山観光 日光市

足尾銅山は、日本の銅産出量の約40％を占めた大鉱山だった。現在、鉱山跡は坑内観光施設となり、トロッコ電車と徒歩による約460mの坑道見学、昔の採掘の様子をリアルに再現した人形などを見ることができる。

初詣の賑わいも有名な関東の三大師の一つ
佐野厄除け大師 佐野市

平安時代の創建と伝わる。比叡山延暦寺中興の祖、良源（元三大師）を祀る天台宗の寺院で、正しい寺号は惣宗官寺だが、惣宗寺、佐野厄除け大師とも呼ばれる。厄除け、方位除けの祈祷が盛んに行われており、関東でも有名な初詣の人気スポットでもある。

福島

140°

三本槍岳
1917

那須岳
三斗小屋

茶臼岳 1915大丸

那須高原道路

沼ッ原湿原
一面に咲くニッコウキスゲなど約230種の亜高山の植物

板室

皇室の御静養の場であったが、2011年に一般開放
那須平成の森

チューリップやルピナスなど四季折々の花が咲く
那須フラワーワールド

那須高原
八幡ツツジ群落

那須湯本

23haの園地内に20万本のヤマツツジ、レンゲツツジ

牛乳

①

那須高原
▶P.80-81

那須高原友愛の森

那

那

須

明治の森・黒磯

茶臼岳などの那須連山を背景に桜とカタクリが咲く
黒磯公園

那須塩原

黒磯

けんちんそば

湯の香
しおばら

塩

ちたけそば

なすしおばら

原

那須野が原博物館
烏ヶ森公園
西那須野

ソメイヨシノ、ヤマツツジ、ドウダンツツジなど

東山道伊王野

37°

八溝山
1022

八

2月～3月に見頃となる約200株のザゼンソウ
北金丸ザゼンソウ群生地

約6000株のアジサイは圧巻
黒羽城址公園

大田原
トウガラシ

古くからトウガラシの名産地であった大田原では、若摘みした香り高いトウガラシの葉を使い佃煮や味噌などが作られる

大雄寺
黒羽藩の大関氏の菩提寺にボタンが咲く

黒羽

那須与一の郷

御亭山
「関東の富士見百景」にも選ばれている桜の名所

木

ツツジの名所として名高い
長峰公園

矢板
やいた

野

湯津上
馬頭

境明神峠
213

②

カタクリ山公園
雑木林にカタクリ群生

小川

ばとう

那珂川
乾徳寺
馬頭 武茂城主の菩提寺に咲く白フジ

尺丈山
512

喜連川

八溝県民休養公園
桜や丘陵のアカマツ、広葉樹の紅葉、梅林

溝

新
幹
線

上河内

氏家

さくら

氏家雛めぐり

茨

将軍桜
将軍道とされていた古代の東山道の名残を留める桜

高根沢
鬼怒グリーンパーク
春にナノハナ、秋にコスモスが広大な河川敷に咲き乱れる

烏山
南那須
那須烏山
からすやま
山あげ祭

芝さくら公園
市貝町にある本州有数の広さを誇るシバザクラ公園

国見

城

東
北
本
線

幸水

キリシマツツジ、クルメツツジなど約5000本が咲き誇る
八幡山公園
二条大麦

宇都宮城址公園
「釣天井」の伝説で有名な城を桜が飾る

餃子

はが・たかねざわ
こうぎょうだんち

しもつかれ

はが

市貝

芳賀

石畑

茨

城

城山公園

茂木
もてぎ

モビリティリゾートもてぎ

宇都宮芳賀ライトレール線

〈123〉

女峰
(イチゴ)

36°30'

山

宇
都
宮

うつのみや

北
関
東
自
動
車
道

とちおとめ

上三川

益子焼
益子

益子陶器山

真
岡
鐵
道

大前神社

真岡鐵道沿線
北真岡駅から続くナノハナと桜SL

あじさい公園
園内の太平神社でアジサイを奉納する「献花祭」も

鶏足山
431

真岡

鬼
怒
川

南河内

二宮

とちおとめ

にのみや

140°

仏ノ山峠
194

雨巻山
533

③

凡例

百 百名山
花 花の百名山・新花の百名山
祭 おもな祭
※ おもな花火
百 日本さくら名所100選
百 日本紅葉の名所100選
おもな道の駅
冬のイベント
棚田百選

地上からは想像もつかない荘厳な地下迷宮が広がる
大谷資料館 宇都宮市

宇都宮市大谷町一帯は、優れた石材である大谷石の産地。資料館の地下では、広さ約2万㎡、高さ30mにもおよぶ採掘場跡が公開されており、巨大な地下空間に圧倒される。

大谷石地下採掘場跡
非日常的な空間はコンサートや美術展にも利用される

気ままにひと巡り

展示会場は全部で約50か所！
氏家雛めぐり さくら市

さくら市氏家地区は、かつての奥州街道氏家宿。商家などに、貴重な雛人形が遺されている。展示期間は2月上旬から3月上旬。会場の目印である赤いのぼりを追って、ゆっくり散策してみてはいかが。

約160もの窯元が産み出す多彩な日用の芸術品
益子陶器市 益子町

多数の作家が全国から移住し、町産の陶土を使って制作に励んでいる益子焼は、多彩な作風が特徴。春と秋、年2回開かれる陶器市は、ゆっくりと見て回ってお気に入りの逸品を見つける絶好の機会といえる。

味覚探訪 たびぐるめ

◆ 宇都宮餃子
白菜中心で肉・ニンニクは少なく、水餃子が必ずメニューに載っているなどの特徴は、本場中国の餃子に通じる。

◆ 佐野ラーメン
佐野市内には約200軒のラーメン店が集う。太い青竹に脚をかけ、体重を載せて打つ手打ち麺が特徴。

◆ とちおとめ
栃木県は、いちご生産量日本一。県の農業試験場で開発された主力品種とちおとめは、海外でも人気が高い。

400年の時を経て輝きを増す
日光の社寺

霊峰・男体山のふもとに鎮座する二社一寺が、「日光の社寺」として世界遺産に登録。2015年には日光東照宮に徳川家康が祀られて400年の節目を迎えた。

神廐舎の「三猿」は人の一生を表している

❶ 日光東照宮

国宝に指定されている陽明門は、日光東照宮で最も目をひく絢爛豪華な建造物。壁面には故事に基づいた508体もの彫刻が施されている。「平成の大修理」を経て、より鮮やかに生まれ変わった。

❷ 神橋

大谷川に架かる朱塗りの神橋を渡った先が日光山内。山口県の錦帯橋、山梨県の猿橋と並ぶ「日本三大奇橋」の一つ。

❸ 本地堂（薬師堂）

天井に描かれた「日光の鳴竜」。絵の下で拍子木を打つと、龍が鳴いているように聞こえる

❹ 日光二荒山神社

霊峰・男体山をご神体とし、二荒山大神をご祭神に祀る。若返りのご利益があるとされる霊泉や良縁に恵まれるとされるご神木などがある

❺ 日光山輪王寺

坂上田村麻呂や弘法大師も訪れたと伝わる古寺。本堂である三仏堂には、三体の大仏と掛仏、2組の三尊仏がご本尊として祀られている

❻ 家光廟大猷院

三代将軍・徳川家光の廟所。家光が眠る奥の院まで、仁王門（写真）や二天門など、それぞれに意匠を凝らした五つの門がある

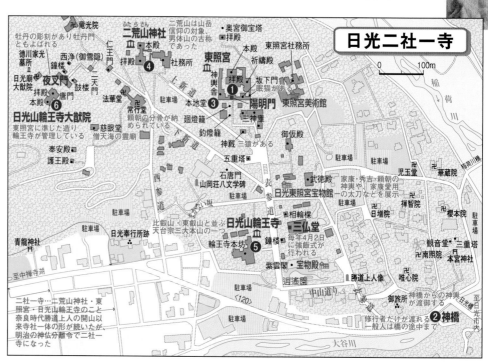

日光二社一寺

三岳
1945

奥日光湯元

山王峠
1739

山王帽子山
2085

湯ノ湖

湯滝

小真名子山
2323

大真名子山
2376

女峰山
2483

高山
1668

戦場ヶ原

男体山
2486

奥宮

光徳

栃木県

竜頭滝

志津林道

七滝

菖蒲ヶ浜

中禅寺湖

二荒山神社中宮祠

中禅寺

歌ヶ浜

華厳滝

野州原林道

黒岩滝

❽ 第一いろは坂（下り）

明智平
ロープウェイ

❼

明智平

力餅滝

慈観滝

霧降高原

❽ 第二いろは坂（上り）

裏見滝

田母沢川

滝尾神社

家光廟大猷院

二荒山神社

清滝I.C

大谷川

釈迦堂

❻

❹

鳴虫山
1104

❸❶ 東照宮

輪王寺

❺ 秋季大祭

❷

神橋

日光市

日光宇都宮道路

高平山
830

日光I.C

とうぶにっこう

にっこう

東武日光線

日光線

COLUMN

徳川家康と北極星信仰

徳川家康はなぜ日光に祀られたのか。その理由には諸説あるが、江戸のほぼ真北に位置する日光東照宮で祀られている徳川家康を不動の北極星と見立てて神格化させたという、北極星信仰との関連も考えられている。

ひと足のばして
自然美あふれる奥日光へ

日光山内で世界遺産を堪能したら、紅葉の名所・いろは坂や日本三名瀑に数えられる華厳滝など、大自然を体感できるスポットへ行ってみよう。

❼ 明智平展望台

ロープウェイで約3分、標高1373mの展望台からは、中禅寺湖や華厳滝、いろは坂などを一望できる大パノラマが広がる。新緑や紅葉シーズンがおすすめ

❽ いろは坂

約500mの標高差に48の急カーブがある観光道路。第一は下り、第二は上り専用。紅葉は例年10月中旬〜下旬が見頃

COLUMN

山岳信仰と湯波料理

豆乳を加熱してできる膜を引き上げて作る湯波。魚や肉を食べない修験者のタンパク源として精進料理に使われていたものが、庶民にも定着し名物になった。日光では膜の中央から引き上げるため、波のような模様ができることから「湯波」という表記を用いている。

生湯波は刺し身風に味わう

足利氏発祥の地で歴史や文化に触れる
足利

室町幕府を開いた足利氏の故郷として知られる街。足利氏ゆかりの見どころが点在するほか、フラワーパークやワイナリーなど、自然豊かなスポットも人気だ。

藤 4月中旬～5月中旬

▶600畳敷の大藤棚や白藤のトンネルなど、壮観な景色が広がる。薄紫から白まで、色の移り変わりを楽しめ、夜のライトアップも人気

チューリップ 3月上旬～4月中旬

▲約3万球のチューリップが咲き誇る。赤やピンク、黄色など愛らしい色とりどりの花が園内に春の訪れを伝える

バラ 5月中旬～6月中旬

▲ローズガーデンでは、バラで作られた壁画やアーケードなど、さまざまな演出にも注目

季節ごとに楽しむ花の楽園
❶ あしかがフラワーパーク

多彩な花と演出が人気の花のテーマパーク。日本では栽培が難しいといわれる「きばな藤」や世界でも珍しい「八重の大棚藤」など、藤はパークの大きな見どころ。その他、早春にはろう梅、春には桜やツツジ、夏のアジサイや秋のアメジストセージなど、春夏秋冬、さまざまな花が園内を彩る。

イルミネーションもおすすめ

日本三大イルミネーションにも選定された夜のイベント。10月中旬頃から2月の中旬頃に開催され、年ごとにテーマが変わる。幻想的で迫力のある風景は必見だ。

「大日様」と親しまれる足利一門の氏寺
❷ 鑁阿寺 (ばんなじ)

足利氏の邸宅だった場所に、守り本尊大日如来を祀ったことから始まった、真言宗大日派の本山。四方に設けられた門や土塀、堀が、武士の邸宅だったことを偲ばせる。本堂は国宝に、鐘楼や経堂などは国の重要文化財に指定されている。

産業復興と縁結びの守り神
❸ 足利織姫神社

▶7つの縁結びを願う七色の鳥居が話題に

織物や染物業で栄えた、足利機業の守護神が奉られている神社。また、男女の神様を御祭神とし、縁結びの神社としても知られている。高台に立ち、境内からの眺望も抜群だ。

世界最大級の珍しい陶磁美術館
❹ 栗田美術館

高級陶磁として名高い、伊万里、鍋島を展示。江戸時代に肥前鍋島藩で生産されたもののみの展示という希少性が特色だ。3万坪の広大な敷地には見どころが多く点在する。

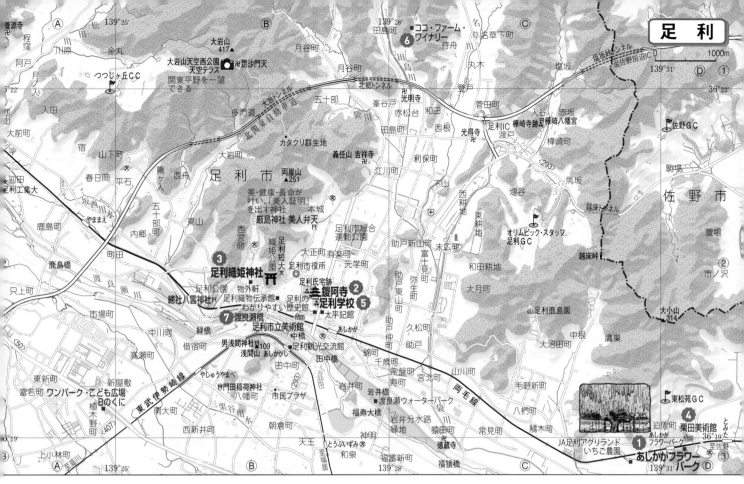

1000m

日本最古といわれる学び舎

❺ 足利学校

最盛期には3000人の生徒が全国から集い学んでいたという足利学校。フランシスコ・ザビエルにより「日本最大の学校」として海外にも紹介された。国の史跡に指定された敷地内には、江戸期の姿を復元した建築物や日本庭園などが広がる。

▶3つある表門の一つで、足利学校の象徴ともいわれる「学校門」。1668（寛文8）年に創建された

上質なワインをお気に入りの1本に

❻ ココ・ファーム・ワイナリー

化学肥料や除草剤は使用せず、日本産のぶどうのみで作るワインが魅力のワイナリー。醸造場見学のほか、ワインのテイスティングも楽しめる。併設のカフェでは、自家製ワインとともに季節の食材を使った料理が味わえる。

夕暮れ時の姿が旅情を誘う

❼ 渡良瀬橋

市内を流れる渡良瀬川にかかる橋の一つ。歌にもなり、その美しい風景に多くの人が訪れる。橋の北側には歌碑が設置されている。

レンタサイクルでまわろう！

市内観光に便利なレンタサイクルを利用するのもおすすめ（有料）。「太平記館」「足利観光交流館」の2か所で行っている。利用時には身分証明書が必要なのでお忘れなく。

栃木県を代表するリゾート地
那須高原

① 茶臼岳（那須岳）は、那須連山の主峰。

古くから温泉郷として知られ、登山やハイキング、美術館めぐりや動物園、牧場、ゴルフ場などバラエティにとんだ観光が楽しめる。1926年に建てられた那須御用邸があり、避暑地としても人気が高い。

高原の散策を楽しむ

❸ 那須どうぶつ王国

犬や猫、猛禽類のショーや様々な動物への餌やり体験ができるふれあい動物園。カピバラ温泉や、アルパカとのふれあい、レッサートークなどが人気。

© 那須どうぶつ王国

❷ 沼ッ原湿原

標高1230mにある湿原で季節の花々を愛でながら、周回する木道を散策できる。

白倉山 1460
日留賀岳 1849
元湯
上塩原
弥太郎山 1392
小佐飛山 1429
黒滝山 1754
百村山 1085
那須塩原市
那珂川
湯川
25那須GC
ダイアナガーデンエンジェル美術館
エミールガレ美術館
3Dメルヘン水族館
那須オルゴール美術館
那須クラシックカー博物館
❻ 那須とりっくあーとぴあ
那須I.C
那須高原りんどう湖ファミリー牧場
那須テディベア・ミュージアム
那須ワールドモンキーパーク
りんどう湖
東北自動車道

❺ 那須フラワーワールド

開園：4月下旬〜10月下旬

4・5月のチューリップからジャーマンアイリス、ポピー、春バラ。6月中旬からの大アヤメ園、ヘメロカリス、秋バラ、コスモスなど色とりどりの花々が咲き誇る。

❹ 那須平成の森

2008年まで那須御用邸用地として管理されていた森を開放。自由に散策できる「ふれあいの森」と、ガイドウォーク利用の「学びの森」の2つのエリアがある。

◀ ふれあいの森にある「駒止の滝」

家老岳
1414

松倉山
1148

滝沢山
1212

南会津町

斉藤山
1278

あいづたじま

会津鉄道

あいづながの

大佐飛山
1908

男鹿岳
1777

黒滝股山
1406

三倉山
1888

大倉山
1792

土倉山
1516

沼ッ原湿原

② 南月山
1776

① 茶臼岳
1915

三本槍岳
1917

朝日岳
1896

旭岳
1895

黒尾谷岳
1589

那須岳

甲子山
1549

板室

那須ハイランドGC

那須
ロープウェイ

大丸

赤面山
1701

北

甲子

小沢名川

那須ハイランドパーク

那須高原

那須高原展望台

那須平成の森

マウントジーンズ那須

高雄股川

高雄

那須GC

殺生石

④

那須湯本 ⑧ 温泉神社

鹿の湯

八幡

新那須

那須町

那須サファリパーク

那須御用邸

新甲子

那須ステンドグラス美術館

⑦

那須国際CC

③ 那須どうぶつ王国

白河高原CC

阿武隈川

西郷村

栃木県

余笹川

白戸川

福島県

那須フラワーワールド ⑤

ミュージアムを楽しむ

❻那須とりっくあーとぴあ
🕐9:30～17:00、(8月のみ)9:00～17:30
目の錯覚により立体に見える絵画や角度によって印象が変わる絵画など、不思議で楽しい体験型アートがいっぱい。

©那須とりっくあーとぴあ

❼那須ステンドグラス美術館
🕐9:30～16:30
セント・ラファエル礼拝堂の壁一面のステンドグラスは、その美しさに目を奪われる。パイプオルガンの生演奏が毎日行われる。

那須温泉を楽しむ

❽那須温泉元湯 鹿の湯
山狩で射損じた鹿が傷を癒した温泉といわれ、約1300年の歴史がある。古くからの湯治場として栄えた。

会津西街道を訪ねる

下野の国～会津若松、東北への歴史道

別名、下野街道と呼ばれる約130kmの街道。栃木県の今市から、大内峠を通って福島県の会津若松へいたる。江戸時代には、会津、庄内、米沢、村上藩などが参勤交代や物資を江戸へ運ぶ重要な街道として利用した。道筋には遠い歴史の面影と信仰の足跡が今も残されている。

❶今市宿：日光街道の江戸から20番目の宿場
「今市屋台まつり」は、彫刻屋台6台と花屋台4台がお囃子のリズムで競演し、見物客を魅了する。彫刻屋台の始まりは、日光東照宮造営時にまでさかのぼる。（10月中旬）

今市周辺 栃木県日光市

江戸時代には、日光街道や例幣使街道、会津西街道が分岐する宿場町として栄えた。おいしい水を生かして栽培した「そば」が名物。

❷鬼怒川ライン下り 4月中旬～11月下旬
川を下っていくと、楯岩、積み木岩、象岩、ゴリラ岩などの奇岩怪石や渓谷美を船から楽しむことができる。乗船時間は約40分。

❸湯西川温泉の平家大祭
平家落人の伝説にちなむ祭典。武士や姫君に扮した「平家絵巻行列」が湯殿山神社から「平家の里」まで練り歩く。（6月上旬）

平家落人料理
平家の落人が食したといわれ、囲炉裏の火で炙る串焼きや、焼石の上に味噌で土手を築き、熊や鹿の肉、川魚、山菜などを焼き上げる。

田島宿 福島県南会津町

会津西街道随一の宿場で南会津地方の中心地。田島祇園祭は京都、博多の祇園祭と並び日本三大祇園祭の一つに数えられている。

❹田島祇園祭
「お党屋」という祭りの組織を中心に行われる。1981年に国の重要無形民俗文化財に指定された。（7月22～24日）

大内宿 福島県下郷町

江戸時代の面影を色濃く残している宿場。茅葺の民家が建ち並ぶ「重要伝統的建造物群保存地区」で、年間80万人以上の観光客が訪れる。

❺大内宿町並み展示館
大内宿のほぼ中央に位置し、1984年に「大内宿本陣跡」に復元した建物。当時の風習を伝える写真や生活用具が展示されている。

▼江戸時代末期から明治初期に屋台上で上演されていた「子供歌舞伎」が1994年に復活。

▲「七行器行列」は氏子から神前にお供え物を献上する約40人の花嫁の行列。

〈写真提供〉日光市観光協会、福島県観光物産交流協会

会津西街道

地図の凡例
- —— 会津西街道
- 霊 おもな祭
- ❄ 冬のイベント

地図中の主な地名
米沢市
福島市
にしよねざわ
上杉家廟所
米沢城跡
上杉記念館
米沢八幡原IC
せきね
東北中央自動車道
奥羽本線
山形新幹線
福島西IC
小野川温泉
磐梯吾妻スカイライン
土湯温泉
山形県
磐梯朝日国立公園
吾妻山
野地温泉
飯豊町
白布温泉
白布峠
▲安達太良山
岳温泉
熱塩加納
磐梯吾妻
レークライン
▲沼尻温泉
大塩峠
秋元湖
八谷街道
五色沼
磐梯熱海温泉
磐梯熱海IC
大峠道路
西会津町
磐梯山
ゴールドライン
磐梯山
猪苗代町
磐越自動車道
磐越西線
熱塩温泉
桧原湖
磐梯町
ひがしばんだい
猪苗代
磐梯高原IC
いなわしろ
喜多方市
蔵のまち
きたかた
野口英世記念館
磐越西線
新宮熊野神社長床
会津坂下町
あいづばんげ
あいづわかまつ
磐梯河東IC
ひらた
会津若松市
猪苗代湖
会津坂下IC
わかみや
会津若松IC
白虎隊十九士の墓
⑨
さざえ堂
会津酒蔵歴史館
⑦
御薬園
⑥
⑧
会津武家屋敷
東山温泉
西若松
にしわかまつ
あいづほんごう
鶴ヶ城
もんでん
のざわ
西会津IC
あいづやないづ
柳津町
たきや
会津高田
あいづたかだ
あいづにしかた
あしのまきおんせん
背中炙高原
柳津西山
地熱発電所
只見線
あいづみやした
あいづなかがわ
沼沢湖
会津美里町
芦ノ牧温泉
会津鉄道
あしのまきおんせんみなみ
福島県
三島町
⑤
大内宿本陣跡
湯野上温泉
塔のへつり
二岐山
羽鳥湖
ゆのかみおんせん
とうのへつり
会津西街道
あいづしもごう
甲子温泉
下郷町
ようそんこうえん
那須塩原市
会津田島祇園
会館
那須岳
あいづたじま
たじまこうまえ
④
田島宿
那須高原
那須温泉郷
野岩鉄道
南会津町
あいづあらかい
あいづこうげんおぜぐち
奥会津博物館
ななつがたけとざんぐち
栃木県
七ヶ岳
駒止温泉
駒止湿原
南郷
滝の原温泉
前沢曲屋集落
伊南
会津高原
おじかこうげん
日光東街道
塩原温泉郷
東北自動車道
西那須野塩原IC
かみみよりしおばら
おんせんぐち
上三依水生植物園
塩原
湯ノ花温泉
舘岩
会津駒ヶ岳
檜枝岐温泉
木賊温泉
湯西川温泉
③
高原山
▲高原山
かまくら祭
かわじおんせん
尾瀬国立公園
尾瀬ヶ原
川俣温泉
女峰山▲
川治温泉
藤原
粟山
しんふじわら
燧ヶ岳
鬼怒川温泉
②
鬼怒川ライン下り
きぬがわおんせん
塩谷町
日光江戸村
東武ワールドスクエア
群馬県
例大祭
①
今市
今市宿
いまいち
日光宇都宮道路
日光街道
日光東照宮
日光
奥日光湯元温泉
男体山▲
清滝IC
大沢IC
日光白根山
戦場ヶ原
中禅寺湖
日光国立公園
日光市
東武日光線
鹿沼市
足尾

会津若松 (あいづわかまつ) 福島県 会津若松市

戊辰戦争最大の悲劇といわれる会津戦争があった場所。御薬園や武家屋敷、白虎隊士の墓など歴史的見どころが多い。

❻ 鶴ヶ城（若松城）(つるがじょう)

戊辰戦争での損傷が激しく石垣だけを残して取り壊されたが、現在の天守は1965年に再建された。

❼ 御薬園 (おやくえん)

中央に心字の池を配した回遊式の借景園があり、各種薬草を栽培したことが名前の由来。歴代の会津藩主が愛した庭園。

❽ 東山温泉

約1300年前に、名僧・行基（ぎょうき）により発見されたとされる。会津民謡の朝寝朝酒朝湯が大好きな「小原庄助（おはらしょうすけ）」ゆかりの温泉。硫酸塩泉。

❾ 白虎隊十九士の墓

戊辰戦争の時、16〜17歳の少年たちで編成された白虎隊は、飯盛山（いいもりやま）で全員が自決した。春と秋の年2回慰霊祭が行われる。

83 栃木

群馬

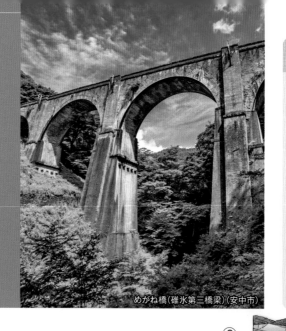
めがね橋（碓氷第三橋梁）（安中市）

活発に活動を続ける浅間山をはじめ、妙義山や赤城山などの火山活動で形成された峻険かつ風光明媚な山が多い。反面、草津、四万、伊香保、水上など、関東でも屈指の温泉地が点在する。

たび ごよみ

1月～2月
老神温泉雪ほたる（C2）
1月上旬
高崎だるま市（B3）
3月下旬～5月上旬
こいのぼりの里まつり（D3）
4月上旬～5月上旬
つつじまつり
（つつじが岡公園 D3）
5月下旬～6月上旬
老神温泉ポピーまつり（C2）
8月上旬
前橋花火大会（C3）
8月下旬
高崎まつり大花火大会（B3）

浅間山北麓ジオパークの一つ
火山が生み出した圧巻の奇景
鬼押出し園 嬬恋村

浅間山の天明の大噴火（1783年）で発生した溶岩流が冷え固まり、ゴツゴツとした岩が折り重なる、世界でも稀な奇観を形成した。浅間山の北麓約280km²は、日本ジオパークの一つで、浅間山の火山活動と人間社会とのさまざまな関わりを学べる場となっている。

気ままにひと巡り

名産品こんにゃくの魅力が体感できる
こんにゃくパーク 甘楽町

多くの火山がある群馬県は、水はけのよい火山灰の土壌が広がっており、こんにゃく芋の栽培に適している。こんにゃくパークでは、国内最大級の工場見学やこんにゃく料理バイキングなどが無料で楽しめる。

奇岩・石門が連なる日本三大奇勝の一つ
妙義山

赤城山、榛名山とともに、上毛三山の一つに数えられる。主峰の一つ金洞山（中之嶽）は、四つの石門をはじめ、ろうそく岩、大砲岩などの奇岩が林立する。こうした奇岩は、火山噴出物が長い年月風雨にさらされてできた自然の造形美だ。紅葉に彩られた景観は、見事である。

新① 139° 新潟 平ヶ岳 2141 百 © 37° 福島

37° 巻機山 1967 越 奥利根湖 尾瀬 尾瀬沼 ▶P.92-93

清水峠 後 至仏山 ▲2228 尾瀬ヶ原 尾瀬
沼周辺にミズバショウなどさまざまな花が咲き揃う

谷川岳 ▶P.94-95 照葉峡

山 温泉ヶ岳 2333
金精峠

脈 武尊神社 百 ▲武尊山 2158 武尊牧場
たんばらラベンダーパーク
関東最大級の規模で約5万株のラベンダー 白根山 2578 百 ソバ

谷川岳 1978 ⑧ 片品 ザゼンソウ群生地
ザゼンソウが咲く針山と菖蒲沢の群生地
弥勒寺

ノルンみなかみ フラワーガーデン
北関東最大級を誇る約100万株ものスイセン
法師 水上 みなかみ 水上観光 水上水紀行館
苗代桜とも呼ばれ、苗代作りの頃に開花 吹割の滝 利根
発知の彼岸桜 川場 皇海山 2144
川場田園プラザ 白佐波神社 老神温泉雪ほたる
ボピーまつり 老神

泰寧寺 新治 川場 白沢 ヨシローク料理 山岳信仰の伝説がある地にシャクナゲやツツジが咲く
たくみの里 塩原太助公園 沼田公園 袈裟丸山

ロックハート城 高山 昭和 昭和元三太陽 節分会（鬼法楽）あぐりーむ昭和

霊山たけやま 群 沼田

中之条 馬 赤城山
水沢うどん 焼きまんじゅう 赤城白樺牧場 レンゲツツジと乳用牛の牧場 ▲赤城山 1828 百 赤城神社 足

榛名・草津 ▶P.90-91 コンニャクイモ 子持 宮田不動尊 地蔵岳 富弘美術館 尾

榛名山伊香保神社 伊香保 市道約2kmに咲くソメイヨシノ 黒保根 鳴神山 瀬

榛名神社 百百 ツツジや大山桜、マツムシソウなど 渋川 赤城南面千本桜 くろほね やまびこ 山

みさと芝桜公園 北橘 ぐりーんふらわー牧場・大胡 富士見 ミズバショウなど湿生植物 小平の里湿生植物園 桐生 ▶P.96-97

箕郷梅林 白加賀 吉岡 藤原秀郷の子孫の居城跡にアジサイやロウバイ 吾妻公園 1万本のチューリップ 桐生八木節まつり

榛名 箕郷 ぐんまフラワーパーク 山上城跡公園 斜面に群生するカタクリ
榛名梅林 よしおか温泉 宮城 新里

あんなかはな 秋間梅林 高崎まつり 大花火大会 前橋 花火大会 まえばし あかぼり小菊の里 岩宿遺跡 みどり 笠懸
アイリスの丘 慈眼寺 上毛電鉄・大胡 峰岸山斜面一面に小菊とサルビア
安中 少林山達磨寺 たかさき だるま市 赤城花しょうぶ園 丸山薬師
信越本線 新島襄旧宅 高崎だるま（最中） ハナショウブ約25000株が咲く史跡女堀 華蔵寺公園 桜とツツジ 大慶寺ボタンが咲く新田義重の娘が開いた寺

富岡 ▶P.96-97 高崎 伊勢崎 太田
白衣大観音 玉村 冠稲荷神社 推定樹齢約400年のボケ

富岡製糸場 群馬サファリパーク 甘楽 城下町小幡 新町 伊勢崎 尾島 にしいいずみ
こんにゃくパーク 武家屋敷に桜が調和する 藤岡 ふじふれあい館 45種のフジ おっきりこみ 大泉 千代田

大塩湖 湖畔に桜、ツツジ、アジサイなど 焼きもち 埼 玉 館林うどん 明和

秋畑地区のソバ畑 西御荷鉾山 1287 桜山公園 上州おにし 鬼石

万葉の里 中里 志賀坂峠 139° 0 20km

36°

凡例
百 百名山
百 花の百名山・新花の百名山
百 日本さくら名所100選
百 日本紅葉の名所100選
卍 おもな祭
✳ おもな花火大会
❄ おもな冬の風物詩
🚗 おもな道の駅

本物のヨーロッパがここにある
ロックハート城 高山村

スコットランドのエディンバラ郊外に建てられたロックハート伯爵の城を移設した、石造りの古城。城を中心に中世ヨーロッパ風の街並みが再現されており、テレビドラマなどのロケ地としても有名だ。

味覚探訪 たびぐるめ

◆ おっきりこみ
小麦栽培が盛んだった上州の家庭料理。味が染み込みやすいよう幅広の麺を使い、打ち粉を付けたまま煮て、とろみを出す。

◆ 峠の釜めし
1958年にデビューした日本初の温かい駅弁。益子焼の土釜は持ち帰って、家庭で釜めしを炊くこともできる。
おぎのや横川本店（安中市）

◆ 焼きまんじゅう
米と麦の粉を練り、麹で発酵させたものが生地で、蒸したまんじゅうに甘い味噌だれを塗りながら焼き上げる。

1800m級の山々が連なる雄大な景観
赤城山

最高峰黒檜山をはじめとする火山群の総称が赤城山だ。白樺茂る美しい山肌に囲まれて、大沼や覚満淵などのカルデラ湖、小沼などの火口湖が点在する。秋の紅葉や冬のわかさぎ釣りなどさまざまな観光が楽しめる。

アウトドアと温泉で自然の恵みを堪能
榛名・草津

榛名山やその裾野に広がる榛名湖は、散策やアウトドアが楽しめる人気スポット。散策の後は、全国でも有数の温泉地、草津や伊香保で極楽の湯を満喫できる。

浅間山
▲2568

鬼押出し園

天狗山
▲1179

三ッ峰山
▲1315

音羽山
▲1014

△榛名山の中腹に位置する
榛名神社はパワースポット

《榛名山》

美しい景観のレジャースポット
❶ 榛名山・榛名湖

「榛名富士」と呼ばれる榛名山と火山活動により生まれた榛名湖。榛名湖ではサイクリングやキャンプのほか、夏は花火大会、冬はワカサギ釣りなども楽しめる。榛名山へはロープウェイで気軽に登山ができる。

《草津》

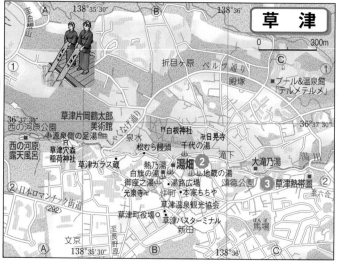

草 津

迫力ある源泉の湯は必見！
❷ 湯畑

▲熱い源泉の温度を下げるために行う「湯もみ」。体験もできる

日本三名湯の一つで自然湧出量日本一を誇る草津温泉。温泉街の中心にあり、毎分4000Lの源泉が湧き出しているのが湯畑だ。湯けむりが立ちこめ温泉情緒を感じる湯畑では、湯の花の採取や湯温の調整も行っている。

珍しい多種多様な動植物たち
❸ 草津熱帯圏

亜熱帯や熱帯地方の動植物が集まる。猿山や高さ15mの熱帯ドームが見どころで、ニホンザルやカピバラなどの愛らしい姿が見られる。

四阿山 <ruby>あずまや<rt></rt></ruby>さん ▲2354
白根山 ▲2160
湯釜
横手山 ▲2307
志賀高原
長野原町
2 湯畑
草津温泉
芳ヶ平湿原
<405>
野反湖
八ッ場大橋
八ッ場ダム
四万温泉
1 榛名山 ▲1391
榛名神社
1 榛名湖
榛名山ロープウェイ
東吾妻町
JR吾妻線
<145>日本ロマンチック街道
中之条町
相馬山 ▲1411
<33>
二ッ岳 1343
榛名湖オートキャンプ場
吾妻川
伊香保森林公園
長峰公園
4 石段街
伊香保温泉
♣ 伊香保CC

【伊香保】

古き良き温泉街の
シンボル

4 石段街

400年以上も前から存在する歴史ある伊香保温泉街は、石段街としても有名。365段ある石段の脇には、土産店や遊技場が軒を連ねている。

▲石段の途中には足湯「辰の湯」がある

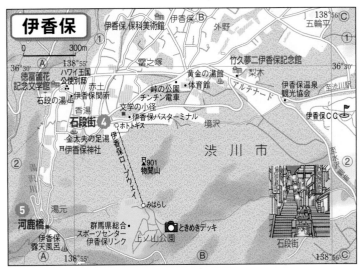

伊香保

138°56′ C
伊香保 B 五輪平
伊香保保科美術館
外野
竹久夢二伊香保記念館
0   300m
A   138°55′
36°30′
36°30′
徳冨蘆花記念文学館
ハワイ王国公使別邸
赤土
黄金の湯館
梨木
伊香保温泉観光協会
至渋川駅
石段の湯
峠の公園
体育館
アルテナード
伊香保関所
チンチン電車
文学の小径
石段街 4
伊香保バスターミナル
境沢
伊香保CC
金太夫の足湯
ホトトギス
至水沢駅
伊香保神社
渋 川 市
②
伊香保ロープウェイ
②
901 物聞山
みはらし
5
湯元
河鹿橋
群馬県総合スポーツセンター伊香保リンク
上ノ山公園
ときめきデッキ
石段街
伊香保露天風呂
138°55′
A   B   138°56′ C

自然に映える小さな橋

5 河鹿橋 <ruby>かじかばし<rt></rt></ruby>

伊香保温泉の奥地、湯元付近に架かる朱色が印象的な橋。春や夏は緑、秋は紅葉、冬は雪景色の中で静かに佇む。春と秋にはライトアップが行われ、幻想的な風景が広がる。

温泉饅頭発祥は伊香保!?

「伊香保に自慢できる土産物を」という思いで作られたことが始まりといわれている。それまで白い皮が定番だった饅頭を、伊香保の湯の色をイメージした茶色の皮を用いたことで温泉饅頭といえば茶色、となったそう。

尾瀬

「夏がくれば思い出す はるかな尾瀬…」と歌われる尾瀬。そこには、長い年月をかけて育まれた高層湿原があり、ミズバショウなどの多様な花々による美しい風景が広がっている。

① 尾瀬ヶ原の下ノ大堀（中田代）と至仏山

貴重な動植物を育む尾瀬の湿原

群馬、福島、新潟の3県にまたがる尾瀬は、標高約1400mの高地に広がる湿原で、国立公園の特別保護地区と特別天然記念物に指定されており、また、国際的に重要な湿地を保全するラムサール条約にも登録されている。入山は徒歩でしかできず、木道以外への立入りは禁止されているなど、厳しい自然保護が行われているが、年間約25万人もの来訪者がある。地形的には、至仏山や燧ヶ岳といった2000m級の山々に囲まれた盆地であり、年間平均気温は4℃という寒冷な気候である。このような周囲と隔絶された尾瀬の環境が、最終氷期からの生き残りである北方系の植物をはじめとする、希少な動植物を育んできた。現在の尾瀬は、湿原中央部で泥炭層の厚さが4.5m以上にもなる高層湿原となっているが、これは泥炭化した植物の死がいが1年に1mm弱というきわめてゆっくりとしたスピードで堆積し、6000〜7000年かけて形成されたものといわれる。湿原と草木、花々が織りなす尾瀬独特の景観は、春夏の鮮やかな緑、秋の紅葉、厳しく白い雪に覆われる冬など、四季折々の姿で来訪者を魅了してやまない。

オゼヌマアザミ　　　　オゼソウ

オゼヌマアザミやオゼソウをはじめ尾瀬とその周辺の限られた地域でしか出会えない花も多い。尾瀬で発見された原産種は19科42種、特産種は14科21種。「オゼ」の名がつく植物は18種類もある

② 大江湿原と燧ヶ岳
燧ヶ岳の火山活動により、湿原は分断され、尾瀬ヶ原と尾瀬沼となった。大江湿原にはニッコウキスゲが群生している

ミズバショウ
5月下旬に雪の間から顔をのぞかせ、6月上旬に最盛期を迎える

③ 研究見本園
園とはいっても自然な状態のままの植生を、間近で観察できるスポットだ

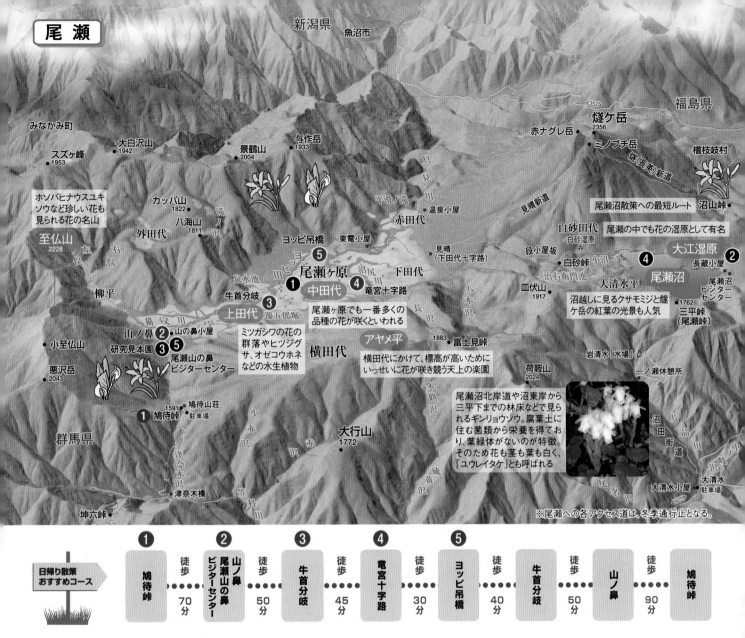

新潟県
魚沼市

福島県

みなかみ町

スズケ峰
1953

大白沢山
1942

与作岳
1933

景鶴山
2004

燧ケ岳
2356

赤ナグレ岳
ミノブチ岳

檜枝岐村

<35>
燧(長英)新道

カッパ山
1822

ホソバヒナウスユキソウなど珍しい花も見られる花の名山

至仏山
2228

八海山
1811

外田代

滝ノ沢

ヨッピ吊橋 ❺

平滑ノ滝

温泉小屋

赤田代

東電小屋

見晴新道

白砂田代
白砂湿原

尾瀬沼散策への最短ルート

沼山峠

尾瀬の中でも花の湿原として有名

大江湿原

長蔵小屋 ❷

尾瀬ヶ原 ❶
中田代

沼尻川

下田代

見晴
(下田代十字路)

段小屋坂

白砂峠

小沼

治右衛門池

皿伏山
1917

大清水平

❹

尾瀬沼

尾瀬沼ビジターセンター

柳平

牛首分岐 ❸

上田代

源五郎堀

竜宮十字路 ❹

尾瀬ヶ原でも一番多くの品種の花が咲くといわれる

長沢

1762

三平峠
(尾瀬峠)

山ノ鼻 ❷ 山の鼻小屋

研究見本園 ❸ ❺

ミツガシワの花の群落やヒツジグサ、オゼコウホネなどの水生植物

横田代

アヤメ平

八木沢

富士見峠

荷鞍山
2024

岩清水「水場」

一ノ瀬休憩所

小至仏山

尾瀬山の鼻ビジターセンター

1883

横田代にかけて、標高が高いためにいっせいに花が咲き競う天上の楽園

悪沢岳
2043

1591

鳩待山荘
駐車場

尾瀬沼北岸道や沼東岸から三平下までの林床などで見られるギンリョウソウ。腐葉土に住む菌類から栄養を得ており、葉緑体がないのが特徴。そのため花も茎も葉も白く、「ユウレイタケ」とも呼ばれる

沼越しに見るクサモミジと燧ケ岳の紅葉の光景も人気

沼田街道

大清水

大清水小屋
駐車場

❶ 鳩待峠

群馬県

大行山
1772

坤六峠

津奈木橋

※尾瀬への各アクセス道は、冬季通行止となる。

| 日帰り散策おすすめコース | ❶ 鳩待峠 | 徒歩 70分 | ❷ 山ノ鼻尾瀬山の鼻ビジターセンター | 徒歩 50分 | ❸ 牛首分岐 | 徒歩 45分 | ❹ 竜宮十字路 | 徒歩 30分 | ❺ ヨッピ吊橋 | 徒歩 40分 | 牛首分岐 | 徒歩 50分 | 山ノ鼻 | 徒歩 90分 | 鳩待峠 |

❹ 尾瀬沼

尾瀬のビジターセンター

最後のバス停、駐車場から湿原までは徒歩で約1時間かかる。尾瀬をゆっくり楽しむのなら山小屋での宿泊がおすすめだ。また、日帰りの場合でも、ぜひ立ち寄りたいのが、ビジターセンター。山ノ鼻と尾瀬沼の2か所にあり、尾瀬の自然についての展示やレクチャー、情報提供を行っている。

❺ 尾瀬山の鼻ビジターセンター
地理や気象、動植物など尾瀬の概要がわかる展示のほか、職員が毎日収集している自然情報を教えてくれる。冬期(10月下旬〜5月中旬)は閉鎖

● COLUMN

尾瀬で出会える動物たち

尾瀬にすむ動物の代表は、オコジョや野ネズミなどの小型哺乳類で、ニホンヤマネも尾瀬の可愛らしい住人だ。ヤマネは哺乳類の最も古い種の一つといわれ、その冬眠は半年以上にもわたるという。運が良ければ、天然記念物であるニホンヤマネに出会えるかも?

ニホンヤマネ

尾瀬の花暦

	5月	6月	7月	8月
ミズバショウ			タカネバラ	
リュウキンカ				
タカネバラ				
ニッコウキスゲ				
オゼソウ				
オゼヌマアザミ		リュウキンカ		

雄大な自然を満喫 谷川岳・上越国境

群馬と新潟の境には上越国境の山々がそびえ、国境を越える道は険しかった。1931年に上越線の清水トンネルが開通。川端康成はこの上越線で越後湯沢を訪れるようになり、名作『雪国』を執筆した。アクセスが良くなった現在、スキー場や温泉が豊富なこの地には多くの観光客が訪れる。

① 谷川岳

谷川連峰の名峰で標高 1978 m。一ノ倉沢などの谷川岳の岩場は、その険しさから日本三大岩場に数えられ、ロッククライミングの聖地となっている。

② 土合駅

谷川岳登山の入り口にあたる、JR 上越線の土合駅。下りホームが新清水トンネル内にあり、改札からは 462 段の階段を下りるため、「日本一のモグラ駅」として知られる。

谷川岳天神平スキー場

スキー場

新潟県側の湯沢町には国内最大級である苗場や、GALA湯沢など 11 か所のスキー場が、群馬県側みなかみ町には谷川岳天神平など 7 か所のスキー場が集まる。都心から日帰りも可能。

③ ドラゴンドラ
（新潟県湯沢町）

苗場スキー場とかぐらスキー場田代エリアを結ぶ日本最長 5481m のゴンドラ。春は新緑、秋は紅葉の渓谷を堪能でき、スキーシーズンは双方のゲレンデで滑ることができる。

⑤ 月夜野ホタルの里

上越新幹線上毛高原駅の西側にあるホタルの里。田園のなかに約 2km の遊歩道があり、6 ～ 7 月にはゲンジボタルやヘイケボタルが飛び交う姿を観察できる。

④ 諏訪峡のアクティビティ
（群馬県みなかみ町）

諏訪峡は利根川上流の景勝地。諏訪峡大橋からのバンジージャンプをはじめ、ラフティングやカヌー、キャニオニングなどアクティビティが盛ん。

諏訪峡大橋からのバンジージャンプ

⑥ SLぐんま みなかみ

JR上越線の高崎駅と水上駅間を、D51（デゴイチ）やC61形蒸気機関車が往復運転し、鉄道ファンに大人気。木製内装の旧型客車を牽引する日もある。

温泉

上越国境は温泉の宝庫でもある。国の登録有形文化財になった混浴大浴場がある法師温泉、美しい赤谷湖を見下ろす猿ヶ京温泉、昭和の温泉町の佇まいを残す水上温泉などが有名。

Ⓐ法師温泉、Ⓑ猿ヶ京温泉、Ⓒ水上温泉

「富岡製糸場」だけじゃない
世界遺産と
近代化遺産

富岡製糸場、田島弥平旧宅、高山社跡、荒船風穴は
2014年に世界文化遺産に登録された。近代化遺産
とは、幕末から第二次世界大戦期に日本の近代化に
貢献した産業、交通、土木に関する遺産。

東置繭所
繰糸所と直交方向に建ち、繭を乾燥、貯蔵のための多数の窓が配置されている。
西置繭所も同じ構造。

世界文化遺産

❶ 富岡製糸場（富岡市）
🕘9：00～17：00　休業日：12月29～31日
1872年に明治政府が設立した器械製糸場。日本
の養蚕・製糸業を世界一の水準に牽引した。当時
最新のフランス式繰糸器が300台も置かれ、女性
従業員が繰糸にあたった。今も当時の施設が残さ
れ見学できる。

❷ 田島弥平旧宅（伊勢崎市）
田島弥平は、自然の風が蚕の飼育に重要で
あると考え、養蚕法「清涼育」に成功した。

❸ 高山社跡（藤岡市）
高山長五郎は、温度と湿度を管理した養蚕
法「清温育」の研究と指導を行った。

❹ 荒船風穴（下仁田町）
養蚕農家の庭屋静太郎により建設された天
然の冷風を利用した蚕種貯蔵施設。

※見学は4～11月中

当時の繰糸所を描いた 上州富岡製糸場之図
（国立国会図書館蔵）

女工館
器械による糸繰りの
技術を指導したフラ
ンス人女性教師の住
居として建てられた。

首長館（ブリュナ館）
フランス人技術指導者ポール＝
ブリュナが暮らしていた住居。

〈写真提供〉群馬県、観光ぐんま写真館、富岡市

主な近代化遺産

みどり市

1 大間々博物館（コノドント館）
1921年に建てられた旧大間々銀行の本店営業所で、洋風でモダンな外観が特徴的な木造二階建て寄棟造り。

2 ながめ余興場
直径約6.3mの廻り舞台や花道、2階席もある本格的な造りで、玄関は歌舞伎座を模している。

安中市

3 碓氷峠鉄道施設　碓氷第三橋梁
長さ91m、高さ31mを誇る国内最大規模の煉瓦アーチ橋で、通称「めがね橋」として親しまれている。

館林市

9 館林第二資料館（旧上毛モスリン事務所）
モスリンとは木綿や羊毛などを平織りにした織物。

10 正田醤油正田記念館
創業当時の醸造道具などが数多く陳列されている。

前橋市

11 前橋市水道資料館
ひときわ大きな配水塔のタンクは1929年に建設。

沼田市

12 旧土岐家住宅洋館
江戸時代の土岐家の邸宅を沼田公園内に移築。

太田市

13 小川家住宅蚕室
切妻造平屋建で稚蚕飼育を行い、桑場として使用。

利根郡片品村

14 丸沼堰堤
丸沼と大尻沼に築造された水力発電用の堰堤。

桐生

桐生市

4 絹撚記念館
周辺一帯に広がる絹糸会社の大工場の元事務所で、撚糸とは織物の糸に「ヨリ」をかける工程のこと。

6 桐生織物記念館
桐生織物同業組合事務所として建設された建物で、1階は織物販売場、2階は織物資料展示室。

5 金善ビル
戦前まで金善織物会社の事務所だった建物。戦後に廃業のため、店舗などになっている。

7 桐生明治館
1878年に群馬県衛生所として建てられ、明治期のピアノやオルガンなどを展示。

● COLUMN

桐生新町　重要伝統的建造物群保存地区

徳川家康の命を受け、絹織物業を中心に発展。江戸時代後期から昭和初期に建てられた町屋や土蔵、ノコギリ屋根の工場などがある。桐生市本町一丁目および二丁目の全域と、天神町一丁目の一部の東西約260m、南北約820mの地域が、歴史的な環境の保存地区として2012年に選定された。

8 有鄰館（旧矢野本店）
醸造業が営まれていた建物で、蔵は催事場として利用。

山梨

富士山や南アルプス、八ケ岳に囲まれた山梨県は、ブドウやモモで生産量日本一に輝くフルーツ王国だ。武田信玄ゆかりの史跡や各地のワイナリー、名物料理のほうとうなど豊かな観光資源がある。

笛吹桃源郷から望む富士山(笛吹市)

武田氏三代の居館跡に武田信玄公が祀られている
武田神社 甲府市

武田信虎、信玄、勝頼と三代が居住した躑躅ヶ崎館の跡地に創建された神社で、宝物殿には鎧や太刀などの遺宝が多数収められている。堀や石垣など、武田氏に関わる当時の遺構が多数残る。

白い岩肌に照り映える紅葉
御岳昇仙峡 甲府市

柱状節理の花崗岩を川の水が侵食してできた奇岩が、至るところにそびえる全長約5kmの渓谷で、国の特別名勝である。川面から屹立する高さ約180mの巨岩「覚円峰」や天鼓林の鮮やかな紅葉など見どころが多い。

凡例
- 百名山
- 花の百名山・新花の百名山
- 日本さくら名所100選
- 日本紅葉の名所100選
- おもな道の駅
- おもな花火大会
- おもな祭
- おもな冬のイベント

伊那・南アルプス・甲府盆地 ▶P.106-107

小淵沢 ▶P.104

駒ケ岳を源とする尾白川のエメラルド色の渓流と紅葉
尾白川渓谷
南アルプス天然水
山高神代桜
信玄餅
(甲斐)駒ケ岳 2967
北精進ヶ滝
ほうとう
鳳凰山 2841
仙丈ケ岳 3033
甘利山
レンゲツツジの大群落と点在するスズラン
北岳(白根山) 3193
間ノ岳 3190
櫛形山 2052
農鳥岳 3051 (西農鳥岳)
身延山
八ケ岳 2899 (赤岳)
東沢大橋 赤い橋と紅葉が鮮やか
七面山 1989

味覚探訪 たびぐるめ

◆ ほうとう

小麦粉でつくった幅広の麺をかぼちゃなどとともに鉄鍋で煮込む味噌仕立ての料理。生麺から煮込むので、汁にとろみがつき、冷めにくい。

◆ 吉田のうどん

江戸時代の吉田宿で、一般の町家が、富士講の参詣者にうどんを出し始めてから名物になったという。コシの強い麺が特徴だ。

◆ 信玄餅

きな粉をまぶしたコシのある餅に、黒蜜をたっぷりとかけて食べる菓子。武田信玄が陣中食に欠かさなかった切り餅にちなんだといわれる。
台ヶ原金精軒(北杜市)

シャトー勝沼(甲州市)

気ままにひと巡り

ワイン造りの歴史を訪ねたい

勝沼ぶどう郷
甲州市

寒暖の差が大きい甲府盆地にあり、水はけの良い扇状地が発達している勝沼は、ブドウ栽培に適した土地だ。30以上あるワイナリーを巡れば、試飲とともに明治以来のワイン造りの歴史を学ぶことができる。

バラの回廊

「アルプスの少女ハイジ」の世界を再現

ハイジの村
北杜市

スイスの高原地帯が舞台の人気アニメをモチーフにした花のテーマパーク。南アルプスを一望できる見晴らしのよい斜面に、四季の花が咲くパノラマ花壇、全長230mという日本一の長さを誇るバラの回廊、スパ&レストランホテル「クララ館」などの施設が広がっている。

麗峰富士

太 平 洋

駿 河 湾

御前崎

焼津市

久能山

清水

三保松原

蒲原

由比

富士市

石廊崎

波勝崎

天城山
•1406

達磨山
•982

土肥

伊 豆 半 島

西浦

大瀬崎

越前岳
1504

新東名高速道路

伊豆市

修善寺温泉

三津 淡島

千本松原

東 海 道

〈1〉

富士川

十里木高原

富士サファリーパーク

伊豆長岡温泉

伊豆の国市

韮山

〈1〉

狩野川

沼津市

南富士
エバーグリーンライン

富士山スカイライン

須走

箱根峠
848

三島市

東名高速道路

裾野市

須走

富士浅間神社

篭坂峠
1104

山中湖村

箱根町

箱根関所

駒ヶ岳
1327

箱根山
1438

芦ノ湖スカイライン

芦
ノ
湖

箱根スカイライン

湖尻

御殿場市

〈138〉

明神峠
900

旭日丘

山
中
湖

宮ノ下

箱根旧街道

〈138〉

仙石原

乙女峠
810

金時山
1212

御殿場プレミアム・
アウトレット

〈246〉

平野

石割山
1413

山北町

小山町

御正体山
•1681

丹沢湖

ユーシン渓谷

中川温泉

東
海
自
然
歩
道

大室山
•1587

道志の湯

道
志
渓
谷

道志川

〈413〉

道志村

山中湖（やまなか）
自然を残した別荘地として早くから開け、マリンスポーツやイベントなどが盛ん。
山中湖アートイルミネーション
写真：やまなし観光推進機構

河口湖（かわぐち）
松尾芭蕉が「野ざらし紀行」の帰路でこの湖を訪れた。中央に鵜の島という小島がある。
富士山マラソン
写真：やまなし観光推進機構

西湖（さい）
2010年に絶滅種のクニマスの生息を確認。山梨県指定天然記念物フジマリモの群生地。
西湖樹氷まつり
写真：やまなし観光推進機構

精進湖（しょうじ）

名前は、富士山信仰の参詣者がこの湖で沐浴し、"精進潔斎"をしたからという説がある。

湖畔のボート乗り場
写真：やまなし観光推進機構

本栖湖（もとす）

夏季のウインドサーフィン、フィッシング、観光遊覧船など様々なレジャーが楽しめる。

湖畔でのキャンプ

田貫湖（たぬき）

湖畔では、6月下旬から7月上旬にかけて、夜になるとゲンジボタルの舞いが見られる。

ダブルダイヤモンド富士
写真：静岡県観光協会

富士五湖

美しい富士の姿を間近に楽しめる

富士山の麓に佇む河口湖や山中湖など 5 つの湖は、特徴や見どころも異なりそれぞれに魅力をもつ。雄大な富士山をバックに大自然を満喫できるエリア。

大石公園のコキアと富士山

398段の階段の先には絶景
① 新倉山浅間公園
（あらくらやませんげんこうえん）

新倉山の中腹に広がる公園。展望デッキからは、富士山と五重塔、市内の街並みが一望できる。春は桜、秋は紅葉の花見スポットとして人気だ。新倉富士浅間神社や新倉山に登るハイキングコースもある。

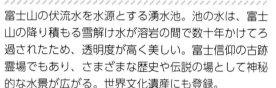
日本一硬い!?「吉田うどん」が名物

富士吉田の郷土料理で、コシがとても強い麺が特徴のうどん。醤油と味噌のだしがしっかり染みこみ噛むごとに旨みを感じられる。キャベツや馬肉が入っているのが一般的だ。

▲新倉屋

8つの池は風情ある水景
② 忍野八海

富士山の伏流水を水源とする湧水池。池の水は、富士山の降り積もる雪解け水が溶岩の間で数十年かけてろ過されたため、透明度が高く美しい。富士信仰の古跡霊場でもあり、さまざまな歴史や伝説の場として神秘的な水景が広がる。世界文化遺産にも登録。

新感覚のミニクルーズ
③ 山中湖のカバ

山中湖では水陸両用バスでクルージングが楽しめる。バスに乗ったまま山中湖に入り、陸からだけでなく湖上からも富士山を望むことができる。窓はビニール製になっているので開放感も抜群。山中湖と富士山の景色を堪能しよう。

富士山ビューの爽快パーク
④ 富士急ハイランド

数々の絶叫系アトラクションや個性的なお化け屋敷で有名なアミューズメントパーク。その他、キャラクターのテーマパークや憩いのスペースなどもあり、1 日中楽しめる。

▲見た目も驚愕な「BIG フジヤマバーガー」は、オリジナルビーフ 100％を使用

青字 世界文化遺産構成資産

A 138°30′　中部横断自動車道　B　三ッ峠山▲1785　都留　C 139°　道志

山梨

⑤ 新道峠FUJIYAMA ツインテラス

河口浅間神社　富士急行　西桂　富士急行線　都留市博物館 ミュージアム都留　蒼竜峡

四尾連湖 県立自然公園　釈迦ヶ岳▲1271　大石公園　⑦河口湖 音楽と森の美術館　菜畑山▲1283　道志渓谷

精進の大スギ　河口湖　勝山　足和田　北口本宮 冨士浅間神社　①新倉山 浅間公園　富士吉田西桂 スマートI.C.　御師住宅(旧外川家住宅)　権現山▲1019

精進湖　西湖　富士河口湖　富士吉田　御師住宅(小佐野家住宅)　滝馬の滝

パノラマ台　西湖 蝙蝠穴　紅葉台　鳴沢　富士河口湖　河口湖I.C.　富士山信仰者は、御師と呼ばれる神職の家兼宿坊に宿泊し、山頂を目指した

青木ヶ原樹海　冨士風穴　鳴沢　富士急ハイランド　不動湯　杓子山鉱泉

⑧ 本栖湖　竜ヶ岳1485　鳴沢氷穴　④富士浅間神社　富士すばる(湧水)　忍野　忍野八海　神奈川

雨ヶ岳1772　グランピングヴィレッジ 富士河口湖　⑥　船津胎内樹型　花の都公園　山中湖

毛無山1964　富士風穴　大室洞穴　吉田胎内樹型　②

天子山地　ふもとっぱらキャンプ場　本栖風穴　天神峠　富士山 3776(剣ヶ峰)　山中湖　山中湖のカバ

朝霧高原　神座風穴　スバルライン　平野　三国峠　三保ダム

富士花鳥園　ヤマネ　小室浅間神社　ひまわりと富士山 山中湖花の都公園は、富士山を背景に広大なひまわり畑が広がる　③　三国山

猪之頭湧水群　小御嶽神社　奥庭　御庭　五合目　須走口登山道　富士霊園　小山

長者ヶ岳1336　人穴富士講遺跡　富士山本宮浅間大社奥宮　宝永山2693　富士浅間神社(須走浅間神社)　ボンズかりの滝

天子ヶ岳1330　田貫湖　大宮・村山口登山道(現富士宮口登山道)　五合目　須走口登山道(須御殿場口登山道)　聖天堂　足柄峠

白糸の滝(音止の滝)　富士山の雪解け水が溶岩のすき間から糸のように流れ出す　二合目　馬返　富士箱根伊豆国立公園　新御殿場I.C.　足柄スマートI.C.

狩宿の下馬桜　富士山スカイライン　三合目　印野の溶岩隧道　御殿場I.C.　金時山1213

石の博物館「奇石博物館」　二子山805　一合目　南富士エバーグリーンライン　御胎内清宏園　御殿場　仙石原

大石寺　本門寺　山宮浅間神社　ぐりんぱ　富士サファリパーク　御殿場Jct.　箱根スカイライン　仙石原

佐野川　下柚野　万野風穴　村山浅間神社　富士山こどもの国　須山浅間神社　駒門スマートI.C.　御殿場線

古くから愛される景勝地

⑤ 新道峠 FUJIYAMA ツインテラス

目の前には富士山、眼下には河口湖、奥には山中湖までを望むことができる展望スポット。開放感抜群のファーストテラスのほか、緑に囲まれたセカンドテラスからも富士山が見える。冬期を除き、テラスまでは送迎バスもある。

大自然に包まれた贅沢リゾート

⑥ グランピングヴィレッジ 富士河口湖

▼六角形を三つ合わせたような独特な形状の部屋。湧水の水風呂やプライベートサウナが楽しめる

標高1000mを超える高原に位置し、手つかずの大自然に囲まれたグランピング施設。部屋はラグジュアリー仕様のヴィラタイプとアウトドア仕様のテントタイプがあり、すべての客室に温泉を備えている。

数々の希少な楽器が集まる

⑦ 河口湖 音楽と森の美術館

タイタニック号に搭載予定であった自動演奏楽器やダンスオルガン、その他貴重なオルゴールを多数展示。ヨーロッパの小さな町をイメージした館内は、富士山をバックに美しい景色が広がる。コンサートやイベントも行われる。

旧千円札のあの風景はココから！

⑧ 本栖湖

旧千円札の裏面に描かれた富士山の風景は、本栖湖からのもの。湖畔から山道を30分ほど歩くと展望地があり、同じ風景を見ることができる。湖面に映る逆さ富士も美しい。

小淵沢 — 高原でのんびり…

長野県 / 山梨県

富士見町 / 北杜市 / 小淵沢町

身曽岐神社 — 古神道「みそぎ」を伝える唯一の神社

中村キース・ヘリング美術館 — アメリカのポップアートの一人、キース・ヘリングの作品を展示

カナディアンキャンプ八ヶ岳
小淵沢CC
八ヶ岳わんわんパラダイスコテージ 愛犬と一緒に泊まれるコテージ
成田乗馬クラブ小淵沢
尋常高等小学荘
平山郁夫シルクロード美術館
六所神社
小荒間中
法性寺
小荒間西
八ヶ岳ロングライディング
FOLKWOOD VILLAGE八ヶ岳
道の駅こぶちざわ
スパティオ小淵沢 体験工房など
ホースファームポラリス
ララミー牧場
TRC乗馬クラブ小淵沢
えほん村 絵本専門図書館
三分一湧水
三分一湧水公園
長坂町小荒間
すずらん池
ホースショーinこぶちざわを開催
馬術競技場
ウエスタンスタイルの乗馬が楽しめるラングラーランチ
くんぺい童話館
小海線
坂取川
高川
新富嶽百景の一つ 富士見坂
小淵沢IC
八ヶ岳グランヴェールヴィンヤード
フィリア美術館
星野リゾート リゾナーレ八ヶ岳 — 長野・山梨のワインやグルメにショッピング、レジャーアクティビティも充実しているリゾートホテル。日帰りでも楽しめる
水木鈴子 花の美術館
日本生物科学研究所
小淵沢絵本美術館
シミック八ヶ岳薬用植物園
古川
上ノ原
久保 北野天神社
中央本線
尾根
こぶちざわ
MASAICHI本店 駅弁とおみやげ
小淵沢総合スポーツセンター
小淵
本町
花工房 やまぼうし
小淵沢自動車教習所
七里岩ライン
江戸時代中期の建築物 旧平田家住宅
滝之前
小淵沢町上笹尾
大滝神社湧水
大滝神社
大滝湧水公園
諏訪神社
長坂町大井ヶ森
女取
至長坂IC

乗馬クラブ

1000m

甲府 — 信玄さんのお膝元

長禅寺：甲府五山 — 甲府五山は臨済宗関山派に帰依した武田信玄が、京都や鎌倉にならい周辺に集めた五寺院を指す

「勝運」の神として信仰を集める武田神社ならでは

福寿院
諏訪大明神
小松町
和田池
和田町
勝守
古府中町
樟林院
下積翠寺町
若宮神社
竜華池
武田神社
躑躅ヶ崎館
武田信虎・信玄・勝頼の館
武田氏館跡歴史館（信玄ミュージアム）
つつじが崎霊園
山梨県護国神社
信玄公墓
円光院
加牟那塚古墳
塩澤寺
毎年2月13日 厄除地蔵尊大祭
湯村山 446
松元寺
柳屋
湯村温泉 — 500円で日帰り入浴が楽しめる「湯めぐり手形」有り
法泉寺
スポーツ会館
県体育館
西田町
北新
屋形
大手
岩窪町
千塚公園
千塚
祢念寺
千塚八幡
甲府記念日
JA
湯村の杜 竹中英太郎記念館
緑が丘スポーツ公園
相川
緑が丘
大和町
湯村
甲府駅前の信玄像前から武田神社まで、甲府の歴史にふれながらの散策道 **山裾古の道**
武田信虎の菩提寺 大泉寺
大笠山 519
攀柱寺
平松橋
音羽町
砂防事務所
甲府市
山梨大
山梨大グラウンド
夢山稲荷
大泉寺
諏訪神社
荒川
富士見
塩部
御崎神社
玄法院
武田
宮前町
八幡神社
華光院
妙法寺
甲斐市
池田
甲州街道
至小淵沢
浄興寺
法華寺
清運寺
元紺屋町
愛宕山こどもの国 — アスレチック遊具、迷路、変形自転車など、一日中遊べる
東光寺町
山梨県立大
甲府工業高
法光寺
六角地蔵尊
科学の世界を体験できるほか、月面歩行や人口雪体験も **県立科学館**
愛宕山 423
愛宕トンネル
中央本線
駿台甲府高
慶長院
北口
山裾古の道 みはらし台
山梨英和高
東光寺
かいてらす 山梨名物を探すならここ
こうぶえん
県立図書館
甲府市藤村記念館
甲州夢小路
甲斐善光寺 日本一の鳴き龍が！
善光寺
東海大付属甲府高
金竹町
長松寺橋
八幡神社
気象台
JA会館別館
武田信玄公像
山梨県庁 舞鶴城公園
長禅寺
能成寺
中村町
下飯田
新田町
飯田
宝
山梨県立大
丸の内
山梨ジュエリーミュージアム
印傳博物館
甲斐奈神社
ぶどうの早川園
柴宮神社
常照寺
穴切大神社
中央高
水晶だけでなく、宝石やクリスタルガラスなども展示している **クリスタル・ミュージアム**
自然学園高
甲府市役所
裁判所
中央
身延線
至八王子
県立美術館
県立文学館
芸術の森公園 新富嶽百景の一つ
釜無川
荒川橋
寿町
教育会館
城東
市立図書館
至身延
YCC県民文化ホール

0 — 1000m

野辺山・清里 — 爽やかな風が駆け抜ける高原

八ヶ岳中信高原国定公園

サンメドウズ清里ハイランドパーク
花畑の上を空中散歩。標高1900mからのパノラマは絶景。

サンメドウズ清里スキー場
アサマフウロ

南牧村美術民俗資料館 / 銀河公園
野辺山高原　至海ノ口　至小海
二ッ山
野辺山神社 ▲1366
のべやま JR最高駅 1345.0m
増栄 / 豊ノ原

清里ピクニックバス 清里の観光スポットを一周。
美し森清里線
羽衣池
八ヶ岳美し森ロッジ(たかね荘)
美し森山 ▲1542　美し森
清里高原
大門川
川上村

矢出原
丸山 ▲1365
矢出川遺跡
JR最高地点の碑(1375m)
小海線
五光牧場オートキャンプ場

山梨県 北杜市
長野県 南牧村

国立天文台野辺山
ベジタボール・ウィズ
矢出川公園
清里アーリーバードGC
シャトレーゼCC野辺山
宇宙を実感。年1回の特別公開チャンスをお見逃しなく。
シャトレーゼスキーリゾート八ヶ岳

広大な牧場で動物と触れあえる。
八ヶ岳自然ふれあいセンター
やまねミュージアム
清里の森テニスコート 清里の森・森の工房
清泉寮
清泉寮パン工房
八ヶ岳牧場まきば公園
黄金の砦
ポール・ラッシュ記念館
スポーツ広場 芝生広場

平沢山 ▲1653
女山 1529
蘭庭曲水
ソフトクリームが人気。
清泉寮ジャージー牧場
聖アンデレ教会
清里ポーセリンミュージアム
川俣東沢渓谷

きよさと
清里YH
市営清里駅前観光案内所「あおぞら」
ポールラッシュからくりモニュメント
八ヶ岳レンタルサイクル
宮司の滝
一ヶ滝
飯盛山 ▲1653
平沢牧場

清泉寮
ポール・ラッシュ博士が開いた赤い屋根の清里のシンボル。
川町竜の滝

萌木の村
森のメリーゴーランド

川俣東沢渓谷 吐竜の滝
黄金の砦、蘭庭曲水、吐竜の滝などが続く。

萌木の村オルゴール博物館 ホール・オブ・ホールズ
清里丘の公園
アクアリゾート清里
アンティークオルゴールや世界でも貴重な自動演奏楽器などが展示。
丘の公園 清里GC
至小淵沢

0 1000m

勝沼 — 花と果物とワイナリーの里

飯島フルーツファーム
窪八幡神社
至西沢渓谷
旧高野家住宅(甘草屋敷)
鈴宮神社
信玄公像
塩山フルーツライン

笛吹川フルーツ公園
荻原フルーツ農園
果実王国ならではのフルーツがテーマの公園。この公園を通り抜けた先にほったらかし温泉がある。

0 1000m

甲州市役所 / えんざん
柏原神社
宿沢フルーツ農園

山梨市
ほうとう完熟屋
甲斐ワイナリー
若宮八幡宮
法盛寺
ひがしやまなし
清白寺
旧高野家住宅 ひな飾りと桃の花まつりが有名。
しまむら農園
丸山フルーツ農園

山梨市役所
霊岩寺
万力公園 万葉の森
ほうとう蔵 歩成
西広門田
さくらんぼ狩り 山口園
甲州市

大沢農園
やまなし
八幡大神社
サントネージュワイン
山梨高

マンズワイン勝沼ワイナリー 工場限定品など100種以上のワインを販売。
勝沼のシンボル。ワインカーヴ、レストラン、宿泊施設など。

春日居GC
正徳寺
葡萄工房ワイングラス館
ぶどうの丘 天空の湯
古宮神社
勝沼ぶどう郷YH

かすがいちょう
不動明王
熊野神社
賀茂春日神社
春日居郷土館・小川正子記念館
春日居

グランポレール勝沼ワイナリー
等々力
あすなろ園
ハーブ庭園旅日記
明盛園
久保田園
白百合醸造
勝沼 甲州市勝沼支所
原茂ワイン
ぶどうまつり
シャトー勝沼

日川高
本坊酒造マルス山梨ワイナリー
石和
笛吹橋
熊野神社
浄光寺
笛吹市

麻屋葡萄酒
シャトー・メルシャン(ワイン資料館)
勝沼氏館跡
国宝・鎌倉時代建立の檜皮葺き薬師堂。
大善寺

青楓美術館
蒼龍葡萄酒
ダイヤモンド酒造
くらむぼんワイン

安楽寺
山王神社
慶雲寺
桔梗信玄餅工場テーマパーク
笛吹市役所
笛吹高
浅間神社
清光院

ルミエール
里見農園
ぶどうの国文化館
勝沼醸造
世界レベルのワイン作りに挑戦
丸藤葡萄酒工業
まるき葡萄酒
古酒の品揃え豊富

勝沼バイパス
勝沼I.C.
釈迦堂遺跡博物館
中央自動車道
至一宮御坂IC
至月見

伊那・南アルプス・甲府盆地
名山、名湯、名水の日本アルプス

0　　　　10km

137°30'

① 137°30'
至高山
・中之宿
高根第二ダム
高根
第一高根ダム
一位の森八幡神社社叢 卍
36°
岐阜
長峰峠
辰ヶ峰 ▲1817

② 御嶽山
おんたけさん
▲3067
御嶽 御嶽ブッポウソウ
繁殖地
御嶽神社里宮卍
御嶽
牧尾ダム
王滝川
沢渡峠
王滝ダム
王滝

奈川
白樺峠
奈川渡ダム
梓湖
奈川
鉢盛山
▲2447
烏帽子岳
▲1952

鎌ヶ峰
▲2121
1673▲野麦峠
小説「あゝ野麦峠」
年若い女工たちが越えた
飛騨と信州を結ぶ峠。
あゝ野麦峠
渋沢
野麦峠
境峠

開田高原
▲1429
開田
木曽馬の産地
木曽馬
乗馬センター
地蔵峠
御岳展望台
木曽
唐沢の滝
山岳高原
鹿ノ瀬
御岳ロープウェイ
三岳
御嶽神社若宮卍

やぶはら高原
江戸時代には木曽谷一の賑わいをみせ
奈良井千軒と謳われた。
木曽福島
奈良井宿
木曽の大橋
お六櫛
江戸時代から評判の
素朴で美しい櫛
義仲館
徳音寺卍
木曽
日向
木曽駒高原
駒の湯
高山高原
芦島高原
キバナノコマノツメ

鉢盛山
烏帽子岳
100軒近くの漆器店が並ぶ
木曽漆器の町「平沢」
木曽漆器館
楢川
木祖
やぶはら
藪原宿
鳥居峠
姥神
トンネル
宮越宿
巴御前の墓もある
木曽義仲の菩提寺
日義
日義木曽駒高原
林昌寺卍
水沢山
▲2004
大棚入山
▲2357
天下の四大関所
福島関所跡
きそふくしま
駒ヶ岳
▲2956
千畳敷カール
宝剣岳
▲2931
駒ヶ岳
ロープウェイ
しらび平

上島観音堂
上島観音堂
瑞光寺卍
宍倉山
▲1365
経ヶ岳
▲2296
信州伊那梅苑
仲仙寺卍
大芝高原
権兵衛峠
小黒川
スマート I.C.
権現山
▲1749
茶臼山
▲2658

木造十一面観音立像
横川の蛇石
桑沢山
▲1538
伊北 I.C.
赤そばの里
黒川山
▲2127
南沢
伊那 I.C.
南箕輪
伊那
伊那公園

古川寺卍
旧郷原宿
朝日
高ボッチ山
▲1665
諏訪大社下社秋宮
諏訪大社下社春宮
塩尻
平出遺跡
善知鳥峠
霧訪山
▲1305
小野神社卍
矢彦神社卍
小野のシダレグリ
自生地
辰野
みのわ
箕輪

諏訪盆地
岡谷 I.C.
下諏訪
岡谷
岡谷 Jct.
諏訪湖
上諏訪
諏訪
湖南
諏訪大社上社本宮

諏訪盆地
御柱祭
迫力満点の「木落とし」で
有名な7年に1度の大祭。

高遠城址公園
小彼岸サクラが美しい
美和ダム
伊那エース CC
長谷
高遠

岐阜
奥三界岳
▲1811
阿寺渓谷
柿其渓谷
阿寺
野尻
大桑
白い花崗岩と滝、エメラルド
グリーンの淵のコントラスト
が絶妙。
南木曽
坂下
坂下
光徳寺卍
南木曽
山口
馬籠峠
武蔵とお通が出会ったという
雄滝や雌滝などが点在。
散策路はまるで藤村の小説
「夜明け前」の中の風景のよう。
馬籠宿

中央アルプス国定公園
安平路山
▲2363
須原
大桑
空木岳
▲2864
▲2531
妻籠宿
江戸時代の旅籠や街並み
がそのまま残されている
木曽路を代表する宿場町。
妻籠宿
大平街道
大平峠
座光寺 I.C.
座光寺卍
元善光寺
座光寺卍

浦島太郎が目覚めたという
伝説の地、木曽川の流れが
つくり出した花崗岩の景勝地
寝覚の床
浦島堂
臨川寺卍
荻原
上松
木曽の棧
桟の滝
光苔などが有名な名勝指定の寺
光前寺
霊犬早太郎伝説が残る。
飯島
七久保
松川 I.C.

駒ヶ岳
早太郎
駒ヶ根 I.C.
福岡
駒ヶ根 スマート I.C.
駒ヶ根
飯島

千畳敷カール
氷河のつくったカール（圏谷）は標高
2600mに広がる雲上のお花畑
宝石箱のような紅葉の季節も美しい。

二児山
▲2243
小渋湖
中川
小渋ダム
松川 I.C.
片桐
小渋湖
高森
豊丘
大鹿村騒動記
大西公園
鹿塩
鹿塩
大鹿
中央構造線博物館

猿庫の泉
白山神社里宮卍
飯田 I.C.
飯田
リンゴ並木
飯田城跡
喬木
富田

岐阜
福岡
中津川
千旦林
至土岐 Jct.
中津川 I.C.
根の上
恵那 Jct.
苗木
なかつがわ
馬籠宿
島崎藤村の出身地。
坂と石垣の独特な
古い家並みが続く。
ヘブンスそのはら
恵那山
▲2191
花桃の里
月川
水引工芸
生産量日本一。
清内路
清内路峠
園原 I.C.
昼神
阿智
姑射橋下流から高さ100m
ほどの断崖が続き、変化
に富んだ景観が楽しめる。
天龍峡
天龍ライン下り
栗菓子・栗おこわ

天竜舟下り
船頭さんの棹捌きで
昔ながらの船下りを楽しむ
阿南
新城
下條
天竜奥三河
国定公園
売木
泰阜

しらびそ高原

中央アルプス国定公園

35°45'

35°30'

③

④

137°30'

137°45'

138°

長野（北部）

穂高岳や白馬岳といった標高3000m級の山々が連なる飛驒山脈などの山岳美。厳しい自然条件の下、長い時間をかけて育まれてきた産業と文化。自然と人が織りなす信州の見どころは尽きない。

姫川の流れと白馬三山（白馬村）

気ままに♪ひと巡り

「田毎の月」で知られる名月の里
姨捨の棚田 千曲市

1997年に農林水産省が選定した棚田百選に、長野県からは日本一となる16か所が選ばれており、その多くは県北部に位置している。中でも古くから俳諧などの文学作品で「田毎の月」とうたわれてきた姨捨の棚田は有名で、千曲川の左岸約75haに約1800枚もの棚田が広がっている。棚田の一枚一枚に映る名月を見るならば、やはり田植え前後の時期（5月下旬〜6月上旬）がおすすめだ。

歴史ロマンあふれる信濃の大社
穂高神社 安曇野市

本宮は穂高駅近くだが、嶺宮は奥穂高岳山頂にあり、日本アルプスの総鎮守とも呼ばれる。海人族の安曇氏が祀ったとされ、船形の山車で有名な御船祭が伝わっていることなど、海とのつながりが深い神社でもある。

温泉につかる野生のニホンザル
地獄谷野猿公苑 山ノ内町

1964年に開業した野生のニホンザルを間近で観察できる施設で、冬は専用の露天風呂に心地良さそうにつかるサルの親子を見ることができる。サルの自然な姿を観察できるよう、餌付けは当初から厳禁されている。

A
①
②
③
138
富山
飛驒
岐阜
山脈
駅
138

白馬岳 2932
鑓ヶ岳 2903
鹿島槍ヶ岳 2889
爺ヶ岳
乗鞍岳 2469
雨飾山 1963
小谷
姫川
白馬
白馬八方
白骨
奥裾花自然園
みなみおたり
鬼無里
鬼無里 白髯の村
ハナショウブとホタルの共演
小川
おやき
信州新町
慶師沖

立山黒部アルペンルート
P.122-123

針ノ木峠
針ノ木岳
蓮華岳 2799
蓮華郷
木崎湖
青木湖
中綱湖
やなば
大町温泉郷
大町
重太郎
根越沖
八坂
大岡

仁科神明宮
松川
池田
生坂
本城

野口五郎岳 2924
鷲羽岳 2924
2841 三俣蓮華岳
大天井岳 2922
槍ヶ岳 3180
常念岳 2857
安曇野 ちひろ公園
穂高
安曇野
堀金
松川
池田
明科
四賀
美ヶ原

穂高岳（奥穂高岳）3190
西穂高岳 2909
焼岳 2455
上高地 P.118-119
上高地 紅葉の名所
穂高神社
安曇野 P.120-121
アルプス安曇野浅間 ほりがねの里
道祖神祭り
三郷

大正池
安房峠
梓川
波田
山形
信州まつもと空港
朝日
塩尻
松本城
松本電鉄
しんしましま
安曇
奈川
噴湯丘と球状石灰石
乗鞍高原

137°30'
36°30'

長野 108

凡例
- 百名山
- 花の百名山・新花の百名山
- 日本さくら名所100選
- 日本紅葉の名所100選
- おもな祭
- おもな冬のイベント
- 棚田百選
- おもな道の駅

味覚探訪 たびぐるめ

◆ 信州そば
そばは高冷な土地でも育つので、信州では昔からよく栽培された。そば粉を細い麺にする「そば切り」は、信州が発祥ともいわれる。

◆ おやき
炒めた野菜や山菜を小麦粉の皮で包み、焼いたり蒸したりしたものが一般的。かつては囲炉裏の灰に埋めて蒸し焼きにしたものだった。

高原一帯は日本最大級のスキー場群
志賀高原 山ノ内町
大小18のスキー場が点在する、スキーリゾートのメッカで、日本一標高の高い場所にリフトがあるスキー場や標高差約1000mにも及ぶコースもある。夏季は池塘の間に架けられた木道で、森と湖沼を巡るトレッキングが楽しめる。

地図内ラベル
新潟　群馬　長野
飯山　長野　上田　諏訪　小諸　軽井沢　佐久　小海
善光寺平 P.114-115
長野善光寺 P.116
小布施 P.116
志賀高原
軽井沢・北国街道 P.112-113
姨捨の棚田
あんずの里
地獄谷野猿公苑
野沢温泉　菜の花公園
上ノ平高原　秋山郷　苗場山 2145
霧ノ塔　白砂山 2140　岩菅山 2295　赤石山 2109
黒姫山 2053　高妻山 2353　戸隠高原　飯縄山 1917
五味池破風高原　根子岳　四阿山 2354
烏帽子岳 2066　黒斑山 2568　高峰山　浅間山
美ヶ原高原　霧ケ峰（車山）1925　蓼科山 2531
鼻曲山 1655　荒船山 1423
上信越自動車道　北陸新幹線　しなの鉄道
信越本線　中央本線　小海線
信州そば　信州みそ　おしぼりうどん
木島平　馬曲　湯田中　渋　発哺
山ノ内　中野　須坂　豊野　臥竜公園
小林一茶旧宅　戸隠神社　松代　真田十万石まつり
斑尾山 1382　飯山　栄　高源院
稲倉　真田　上田城跡公園　青木　別所　北向観音
東御　本海野　雷電くるみの里　宇坪入
望月　浅科　佐久　内山牧場　内山峠
龍岡城跡　佐久穂　八千穂　十石峠
菅平　鳥居峠　米子大瀑布　湯の丸高原
マルメロの駅ながと　ほっとぱ～く・浅科
和田　長和　立科　下諏訪

0　20km

たびごよみ
1月上旬	10月上旬～中旬
善光寺初詣(B2)	信州・松本そば祭り
冬の道祖神祭り(A3)	(松本城公園ほか A3)
5月上旬	10月中旬～11月中旬
いいやま菜の花まつり	懐古園紅葉まつり(B3)
(菜の花公園 B2)	11月上旬
8月中旬	上田真田まつり
夏の道祖神祭り(A3)	(上田城跡公園 B3)

長野（南部）

長野県南部は木曽山脈の東西で、大きく2つに分かれる。西側は木曽川流域、東側は諏訪湖を源流とする天竜川流域で、それぞれ山深い土地ではあるが、中山道や両水系の水運を通して東海地方との交流が深く、豊かな歴史を刻んできた。

諏訪湖の御神渡り（諏訪市）

北アルプスの山懐に抱かれた秘湯の宿
白骨温泉 松本市

▲泡の湯

乗鞍岳の山腹に刻まれた湯川渓谷に湧く温泉で、江戸時代より湯治客を泊める湯宿が開かれている。硫黄と炭酸を適度に含む乳白色の柔らかな湯で知られ、歌人の若山牧水をはじめ文人の足跡も多い。

花々が咲き乱れる眺望抜群のハイキングコース
霧ケ峰高原

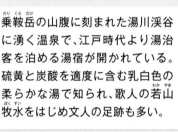

なだらかな緑の草原に、ニッコウキスゲ、レンゲツツジ、ヤナギランなど高山植物の花々が咲き、富士山や南北のアルプス、八ケ岳なども一望できる景勝地だ。日本のグライダー発祥の地でもある。

「天下第一の桜」が咲き誇る
高遠城址公園 伊那市

廃藩置県で解体された高遠城の跡地に、1875（明治8）年、旧高遠藩の「桜の馬場」から移植されたタカトオコヒガンザクラ約1500本が咲き誇る。日本三大桜の名所の一つとしても知られる。

たびごよみ

2月中旬
高遠だるま市（C2）
4月上旬〜中旬
高遠城址公園さくら祭り（C2）
4月下旬〜5月上旬
花桃まつり（A3）
8月上旬
諏訪大社下社お舟祭り（C1）
9月中旬〜下旬
佐久高原コスモスまつり（D1）
9月下旬
赤そばの里祭り（B2）
七久里神社 秋季祭典裸祭り（B3）

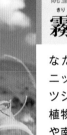

飛騨
白骨
噴湯丘と球状石灰石
白骨温泉
乗鞍岳 3026
乗鞍高原
奈川
野麦峠 1673
渋沢
① ②
岐阜
長峰峠 1503
36°
137°30′
御嶽山 3067
開田
開田高原
珍しい赤いソバの花
おんたけロープウェイ
三岳
福島関跡
木曽福島
氷雪の灯祭り
木曽福島
すんき漬け
上松
寝覚の床
王滝川
小秀山 1982
王滝
阿寺渓谷
奥三界岳 1811
大桑
大桑
ハチの子
南木曽 なぎそ
妻籠
妻籠・馬籠
P.124-125
大平峠
花桃発祥の地
清内路
昼神
恵那山 2191
花桃まつり
富士見台高原
35°30′
137°30′
③
浪合
信州平谷
平谷
三国山 1162
根羽
新野の雪祭り
売木
茶臼山 1416
愛知

0　　　　　　　20km

B　138°　　　　　　C　　　　　　　　　　　D

凡例

🏔 百名山
🏵 花の百名山・新花の百名山
🌸 日本さくら名所100選
🍁 日本紅葉の名所100選
⛩ おもな祭
❄ おもな冬のイベント
🌾 棚田百選
🎆 おもな花火大会
🚗 おもな道の駅

長野自動車道
松本城
松本
松本盆地
信州まつもと空港
塩尻
朝日
小坂田公園
色鮮やかなツツジ
鶴峯公園
岡谷
諏訪湖
諏訪盆地
諏訪
諏訪大社下社春宮 お舟祭り
諏訪大社下社秋宮
諏訪大社上社
御柱祭
守屋山
尖石石器時代遺跡
諏訪湖祭湖上花火大会
霧ケ峰（車山）1925
霧ケ峰高原
八島ケ原湿原
美ケ原
鉢伏山
高ボッチ山
高ボッチ高原
和田峠
和田
長和
立科
武石
鹿教湯
蓼科山 2531
縞枯山
蓼科
蓼科高原
奥蓼科
バラクライングリッシュガーデン
オールドローズ中心の英国式庭園
茅野
八ケ岳（赤岳）2899
麦草峠
富士見高原リゾート
花の里
井戸尻遺跡 ハスなど
信州蔦木宿
富士見
入笠山 1955
スズラン大群落
信州みそ天丼
信濃
辰野
赤そばの里
木曽ならかわ
奈良井
奈良井の大橋
鳥居峠
木祖
中山道信濃路
権兵衛峠
南箕輪
信州伊那梅苑
高所にある梅の名所
箕輪
ソースカツ丼
伊那
高遠
さくら祭り
高遠城址公園
長谷
ローメン
ザザムシの佃煮
宮田
駒ケ岳 2956
千畳敷カール
おば巻き
空木岳 2864
五平餅
駒ケ根
飯島
花の里いいじま
りんご狩り
中川
馬肉
松川
なおしま
泉龍院 三色藤が美しい
市田柿
風越山
高森
豊丘
元善光寺
飯田
上郷
七久里神社 裸祭り
天龍峡
三遠南信自動車道
信濃路下條
下條
泰阜
阿南
天龍
信州新野千石平
反部の冬祭り
南信濃
遠山郷
大鹿
鹿肉
大池高原
幻の花「ヒマラヤの青いケシ」やクリンソウ
二児山 2243
安平路山 2363
木曽山脈（中央アルプス）
赤石山脈（南アルプス）
（甲斐）駒ケ岳 2967
仙丈ケ岳 3033
間ノ岳 3190
塩見岳 3052
赤石岳 3121
尾高山
聖岳（前聖岳）3013
光岳 2592
北陸新幹線
佐久
佐久高原コスモスまつり
佐久盆地
佐久穂
龍岡城跡
八千穂
佐久鯉
小海
こうみ
北相木
南相木
南牧
エノキダケ
檜原湖
野辺山原
天狗山 1882
川上
川上村レタス
のべやま
十石峠
内山峠 荒船山 1423
三国山 1834
十文字峠
三宝山 2483
甲武信ケ岳 2475
金峰山 2599
国師ケ岳 2592
群馬
東
埼玉
地
中央自動車道
中部横断自動車道

36°
35°30′
138°30′
138°

味覚探訪 たびぐるめ

◆ **ローメン**

漢字で書けば肉麺。1955年頃伊那市で誕生した料理で、肉は主にマトンが使われる。これは当時、羊毛を目的とした牧羊が盛んだったため。

◆ **信州りんご**

長野県のりんご生産量は、青森県に次ぐ日本第2位。昼夜の大きな寒暖差が甘みを凝縮させる。長野生まれのシナノゴールドも人気だ。

▲わかさぎ　　▲高島城

気ままにひと巡り

神々の息吹に触れる旅

諏訪

レトロで豪華な洋式大浴場がある上諏訪温泉の片倉館、秋冬はドーム船で楽しめる湖上わかさぎ釣り、難攻不落の水城で知られる高島城など、諏訪湖周辺の観光スポットは実に盛り沢山だ。しかし、何といっても見逃せないのは、日本最古の神社の一つといわれる諏訪大社である。社殿の周囲に建てられる4本の御柱や諏訪湖の御神渡り神事など、太古の自然信仰を思わせるロマンにあふれている。

◀諏訪大社上社本宮（諏訪市）

日本を代表する高原リゾート
軽井沢・北国街道

中山道の宿場町として栄えていた軽井沢。明治になって、美しい清澄な自然と涼しい気候に感嘆したカナダ人宣教師ショーが避暑地として紹介。はじめは外国人の別荘地に、やがて人気の高原リゾートへと発展した。北国街道沿いの小諸や上田は、戦国時代から続く城下町。東信濃には歴史と文化の魅力的な町が連なる。

軽井沢ショー記念礼拝堂

外国人避暑地にはじまる 軽井沢

❶ 白糸の滝

白糸ハイランドウェイ沿線の人気スポット。幅70mもの湾曲した岩壁に数百条の地下水が白糸のように流れ落ちる。浅間山の伏流水のため冬も凍結しない。

❷ 雲場池 (くもばいけ)

軽井沢中心街からほど近く、カラマツやモミジに囲まれた静かな池。とくに紅葉シーズンは、色づいた木々が水面に映り美しい。池の周りの遊歩道をのんびり散策するのもよい。

❸ 旧三笠ホテル

1906(明治39)年開業以来、文化財界人が利用し「軽井沢の鹿鳴館」と呼ばれた。70年まで営業。日本人設計による純西洋風建築が評価され、国の重要文化財に。

● COLUMN
軽井沢と別荘文化 ●

軽井沢を代表する食といえば、ベーカリーやカフェの味。避暑に訪れた欧米人の口に合う洋食の伝統が受け継がれ、ブランジェ浅野屋や茜屋珈琲店旧道店、ジョン・レノンが滞在した万平ホテルなど戦前から続く老舗が根強い人気を保つ。
一方、地元の高原野菜をたっぷり使ったレストランも新たな軽井沢の顔になっている。高原野菜は、別荘を持つ外国人宣教師たちから高原の気候に合ったキャベツやレタスの栽培法を伝授されて広まったものだった。軽井沢の特色は、外国人や文化人避暑客から伝わった文化の影響を色濃く受け、形づくられてきた。

万平ホテルのカフェテラス

❹ 旧軽井沢銀座

老舗のベーカリー、ジャム屋、カフェをはじめ、新旧さまざまな店舗が並ぶ、軽井沢のメインストリート。とくにゴールデンウィーク、夏場は大勢の観光客で賑わう。

武田信玄の城 小諸

❺ 懐古園

⏰ 9:00～17:00

白鶴城や酔月城とも呼ばれた小諸城の跡で、敷地内には藤村記念館や動物園などもある。小諸城は城下町よりも低い土地に位置する全国的にも珍しい「穴城」で、武田信玄の命で山本勘助が築いたと伝えられる。

真田信繁のふるさと
上田

⑥ 上田城跡公園

上田城は 1583 年に真田信繁（幸村）の父、昌幸によって築城された。二度にわたる徳川軍勢を退け天下に名を轟かせた。現在は公園として整備され、桜の名所として知られる。

⑦ 真田氏歴史館 ⏰9:00〜16:00

戦国時代を生き抜いた真田幸隆、昌幸、信繁（幸村）の真田三代の歴史を、古文書や武具等の豊富な資料で紹介。昌幸が上田城を築城する以前の居館跡「御屋敷公園」に隣接する。

⑧ 長谷寺（ちょうこくじ）

真田幸隆が開山した真田氏の菩提寺。境内には幸隆夫妻と昌幸の墓所がある。アーチ型の石門には真田氏の家紋、六文銭が刻まれる。しだれ桜も有名。

軽井沢・北国街道

千曲川の流域と真田六文銭
善光寺平の史跡

長野市を中心とした長野盆地は、古くから善光寺平と呼ばれ雄大な自然に囲まれている。5度にわたって繰り広げられた武田信玄と上杉謙信の「川中島の戦い」で、最も激しかったといわれる1561（永禄4）年の激戦の舞台になったのが八幡原である。

❶ 川中島古戦場史跡公園

公園内には、八幡社が静かにたたずみ「信玄・謙信両雄一騎討ちの像」や「三太刀七太刀之跡の碑」「首塚」などがある。

甲斐の武田信玄

越後の上杉謙信

信玄・謙信一騎打ちの像
八幡社境内には、武田軍の本陣に攻め入った謙信の太刀を信玄が軍配で受け止めたとされる像がある。

❷ 松代城跡と松代藩真田十万石まつり（毎年10月第2土・日曜）

松代（海津）城は、武田の拠点として築城され、その後、真田家が松代藩主になり城下町が発展した。250余年の善政をたたえる「真田十万石まつり」では、松代城から武士や姫君に扮した行列が出陣する。

❸ 真田邸

松代藩9代藩主・真田幸教が当初、義母貞松院の住居として建築。当時の御殿のほか、四季折々の彩りを楽しませてくれる庭園が見どころ。

❹ 真田宝物館

真田家から寄贈された家宝の武具、調度品、古文書、美術品などを所蔵・公開。真田家の歴史をひも解く貴重な資料がある。

❺ 松代藩文武学校

藩士の子弟が学問と武道を学ぶ場として、1855（安政2）年に開校。先進的な医学や軍学、剣術・槍術などの教育が行われた。

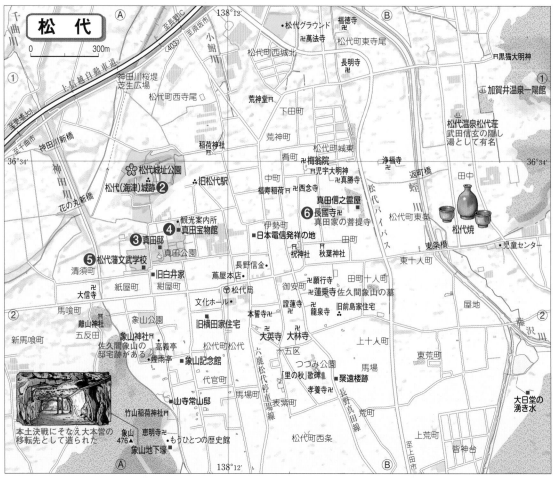

松代

0　　　300m

本土決戦にそなえ大本営の移転先として造られた

善光寺平

▲1917 飯縄山
▲828 大峰山
飯綱高原
須坂市
▲992 富士ノ塔山
▲785 旭山
長野市
西長野　南長野
上信
上信越自動車道
綿内
若穂
稲葉
大豆島
北長池
高田
長野駅
栗田
五輪大橋
中御所
若里
青木島
大塚
真島
稲里町　小島田町
丹波島
牧島
大室温泉
⑧善光寺
⑦大室古墳群
戸隠花川
小柴見
伊勢宮
安茂里
安茂里駅
国道19号
川中島駅
今井
今井駅
川中島町
上水鋺
長野南バイパス
小松原
岡田
篠ノ井駅
御幣川
篠ノ井バイパス
長野オリンピックスタジアム
×①
川中島古戦場
八幡原
川中島古戦場史跡公園
松代大橋
長野I.C.
松代温泉
松代
東条
皆神山▲659
②松代(海津)城跡
篠ノ井線
二ツ柳
旧北国街道
篠ノ井追分宿
北陸新幹線
しなの鉄道
更埴J.C.T
篠ノ井橋
▲513 斎場山
▲411 妻女山
聖川
千曲川
長野自動車道
更埴I.C.
国道18号
雨宮
雨宮の渡し公園
土口
生萱
←松本
千曲市
屋代高校前駅
屋代
上信越自動車道
高見町
粟佐
至東京
至佐久

作画 スタジオ・スペース ツー

❻ 長國寺
▲信之公の御霊屋
真田家の菩提寺で歴代藩主の墓があり、初代松代藩主信之公のきらびやかな御霊屋は国指定重要文化財。

❼ 大室古墳群
松代町大室を中心に分布する 5～8 世紀の約500基の遺跡。1997年に国の史跡に指定。

（2015年御開帳風景）©善光寺

❽ 善光寺本堂（国宝）
江戸時代から「一生に一度は善光寺詣り」といわれる善光寺。日本最古と伝わる一光三尊阿弥陀如来を本尊とした無宗派の単立寺院。「善光寺前立本尊御開帳」は、数え年で7年に1度行われ、秘仏である御本尊の身代わり「前立本尊」の姿を拝むことができる。

〈写真提供〉ながの観光コンベンションビューロー

上段の地図（小布施）

① 山崎果樹園　関谷農園
平松農園
関谷園
山崎農園
フルプロ農園

至信越中野
中子塚神社
六川陣屋跡　プログレスファーム
六川大庄屋
川上農園
都住

古堂塚古墳

Welcome to My Garden
OBUSE Open Garden

おぶせオープンガーデン
「花のまちづくり」の一環
個人庭園を公開。
目印はこの案内板

長野電鉄長野線

中央
桜井甘精堂
栗菓子の定番といえば
「純栗ようかん」

梅松寺
伊勢町
おぶせ

中條神社
周遊バスおぶせロマン号
「小布施総合公園前」と
「岩松院入口」間を走る

歴史民俗資料館
農協ぶどうセンター

ふるさと創造館
岩松院公園

小布施大元神社
町立図書館
皇大神社　金毘羅殿
小布施町役場
福原

おぶせミュージアム
中島千波館

岩松院

福島正則霊廟

雁田水穂神社

必見 北斎天井絵
「八方睨み鳳凰図」
小林一茶ゆかりの寺

龍雲寺
松葉屋
地酒「北信流」

西永寺
小布施宿

松葉屋
栗の木テラス

不動尊

北斎「鳳凰図」をモチーフ
に作られた大花壇がみごと
フローラルガーデンおぶせ
農産物直売所
ろくさん

中信濃中野小布施くだものの街道

日本のあかり博物館
江戸から現在までの灯火具
約千点を展示

桜井甘精堂
小布施ガイドセンター
（ア・ラ・小布施）
留蔵 宝暦蔵
高井鴻山記念館

盆栽美術館「大観」

雁田

天然記念物
ヒイラギ

浄光寺
御霊泉
浄光寺茶店

桝一市村酒造場
高井鴻山が営んだ酒造。
純米酒「スクウェア・ワン」

祥雲寺

竹風堂
玄徳寺

北斎館
栗庵風味堂

栗の小径

愛宕堂

薬師堂

皇大神社

小布施町

室町時代の初期の代表的建築。
茅葺屋根の入り母屋造り

飯綱神社

竹風堂

栗かの子、ほくほくの
栗おこわが人気

小布施堂

岩太郎
関谷ファーム直売所

北斎晩年の掛け軸、屏風など
肉筆画約40点展示

店の外観も町並みにマッチ
栗生菓子、コース料理も

栗の小径

栗の木製レンガを敷き
詰めた趣きある小道は散
策に最適。
高井鴻山記念館と北斎
館を結ぶ道

高井鴻山記念館

豪商であり文化人でも
あった高井鴻山の屋敷
を修復。作品等も展示

鳥の林古墳群

小布施Quest

松川橋

須坂市

至須坂

至須坂

🌰 小布施 おぶせ
北斎を味わい栗を堪能

●栗菓子を扱う店

0　　　　500m

下段の地図（長野 善光寺）

① 葛山城
葛山 812

大峰山 828
大峰城

七曲

上杉謙信物見の岩

朱塗りの多宝塔が建つ境内からは
善光寺平が一望。桜の名所
雲上殿

善光寺びんずる廻し
びんずる尊者を引き廻した後、
福梅子で撫で無病息災を願う。
年に1度、1月6日の夜に行われる

善光寺みやげ・幸せ牛守
「牛に引かれて善光寺
参り」にちなんだ牛の
お守り

御嶽山神社
往生寺

霊塔寺

長野高

善光寺本堂
極楽浄土信仰の古刹。国宝の
本堂は総檜皮葺、撞木造りの
東日本最大級の木造建築

静松寺
至戸隠豊野善光寺西

茂菅
飯縄神社

長野西高
聞天寺
湯福神社

信濃招魂社

城山動物園

長野女子高
長野県立大

長野女子短大

長野電鉄長野線
しなのよしだ
きりはら

辰巳公園

吉田

長野市
善光寺山門・鳩字額
壮大な山門（三門）は入母屋
造り二層入母屋造り
三門の善の字は牛の顔に
見え、字の一部が鳩に見
えることから鳩字額とも
いわれる

西長野
瓜割清水

諏訪神社

往生地
長野西高

善光寺
大勧進

城山本願寺
長野清泉
女学院中

城山公園
県立美術館
東山魁夷館

長野日本大学高

中越

長野商業高
高岡長野

吟醸生酒
「西之門」
西之門よしのや

仁王門

信州大
教育学部

八幡屋礒五郎

西宮神社

善光寺下

善光寺郵便局

善光寺郵便局
老舗旅館を利用
したレトロな雰
囲気の郵便局

和田公園
雲雪寺
東和田

文具博物館

宗栄寺

宝物館
山門（三門）

大本願
西方寺
善光寺郵便局

康楽寺

大門町

妻科神社
善松寺
西本願寺別院
北野文芸座

如来寺

花面稲荷神社

秋葉神社

平林

文具博物館
善光寺参道沿いの老舗店舗に
代々伝わる業務用品、骨董品、
美術品などを「まちかどミニ
博物館」として店内に展示

長野商業高
高岡長野

セントラルスクゥエア

長野県庁

西和田

西尾張部

旭山
785▲

朝日山観音堂
諏訪神社 平柴

阿弥陀寺

36°39′

旭山跡

長野市役所

栽松院
しゃくしょまえ

長野市役所

守田通神社

若宮

蓮証寺

西光寺・十王像
死者の罪を明らかに
する10人の裁判官で
ある十王像がある

西光寺

鶴賀

小柴見

如是姫像

常安寺

裾花橋

如是姫像
病気回復を感謝し、善光寺
如来に香花を捧げているという如是姫像
が出迎えてくれる

高田

栗田

信越本線

長野 善光寺
牛に引かれて
善光寺参り

0　　　　1000m

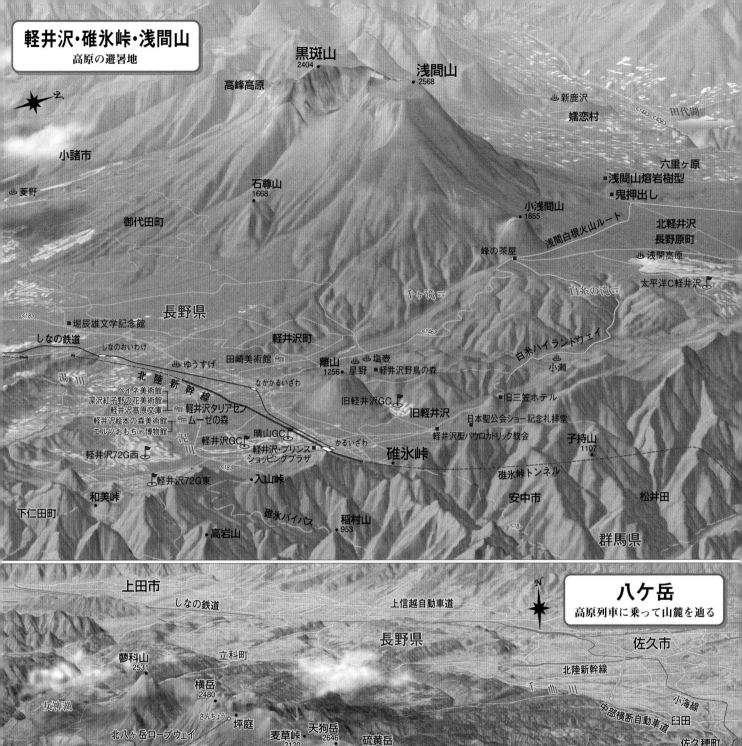

軽井沢・碓氷峠・浅間山
高原の避暑地

黒斑山 2404
浅間山 2568
高峰高原
新鹿沢
嬬恋村
田代湖
〈144〉〈406〉
小諸市
六里ヶ原
浅間山熔岩樹型
鬼押出し
菱野
石尊山 1668
小浅間山 1655
御代田町
浅間白根火山ルート
北軽井沢
長野原町
峰の茶屋
浅間高原
太平洋C軽井沢
堀辰雄文学記念館
長野県
千ヶ滝
白糸の滝
〈146〉
しなの鉄道
軽井沢町
白糸ハイランドウェイ
しなのおいわけ
北陸新幹線
ゆうすげ
田崎美術館
離山 1256
塩壺
星野
軽井沢野鳥の森
小瀬
なかるいざわ
旧軽井沢GC
旧三笠ホテル
ベイネ美術館
深沢紅子野の花美術館
軽井沢高原文庫
軽井沢絵本の森美術館
エルツおもちゃ博物館
軽井沢タリアセン
ムーゼの森
晴山GC
旧軽井沢
日本聖公会ショー記念礼拝堂
子持山 1107
軽井沢聖パウロカトリック教会
軽井沢GC
軽井沢・プリンス
ショッピングプラザ
かるいざわ
軽井沢72G西
湯川
碓氷峠
碓氷峠トンネル
軽井沢72G東
入山峠
〈18〉
和美峠
碓氷バイパス
稲村山 953
安中市
松井田
下仁田町
高岩山
群馬県
〈18〉

八ケ岳
高原列車に乗って山麓を辿る

上田市
上信越自動車道
しなの鉄道
長野県
佐久市
蓼科山 2531
立科町
横岳 2480
北陸新幹線
女神湖
さんちょう
坪庭
小海線
北八ヶ岳ロープウェイ
麦草峠 2120
天狗岳 2646
硫黄岳 2760
横岳 2825
中部横断自動車道
臼田
佐久穂町
さんろく
渋の湯
阿弥陀岳 2805
2899
赤岳
八千穂
滝の湯
親湯
明治
渋
権現岳 2715
小海町
蓼科湖
蓼科
横谷
八ケ岳
茅野市
編笠山 2524
南牧村
原村
八ヶ岳美術館
サンメドウズ清里
八ヶ岳牧場
富士見高原GC
富士見高原
高根
富士見町
広原
ポール・ラッシュ記念館
清泉寮
小海線
長坂
清里アーリー
バードGC
萌木の村
小渕沢CC
北杜市
かいおおいずみ
丘の公園清里GC
中央自動車道
えほん村
きよさと
〈141〉
しなのさかい
小淵沢I.C
小海線
かいこいずみ
山梨県
中央本線
こぶちざわ
くんぺい童話館
大泉

穂高連峰

穂高連峰を望む
日本有数の山岳リゾート
上高地

標高約1500mに位置し、穂高連峰を間近に望む上高地は日本有数の山岳リゾート。雪解け水が流れる梓川沿いに絶景スポットが点在し、人気のハイキングコースとなっている。全国に先駆けてマイカー規制がなされ、澄んだ空気と清流が守られている。

※上高地は冬期は閉鎖

早朝の大正池

❶ 大正池

1915（大正4）年の焼岳（やけだけ）の噴火によって誕生した。山や木々が水面に鏡のように映る風景は絵画のように美しい。朝もやが漂う早朝は幻想的な雰囲気に包まれる。

❷ 田代湿原

自然研究路の途中、森のなかに開けた草原が田代湿原。初夏のレンゲツツジ、秋の紅葉など評判。その傍らには伏流水が流れ込む田代池があり、高い透明度を誇る。

田代池

❸ 河童橋

上高地のシンボル「河童橋」は、梓川に架かる木製の吊橋で全長37m。橋の上は穂高連峰を仰ぎ見る、絶好の撮影スポット。夏の午後は「上高地銀座」と呼ばれるほどの賑わいをみせる。

❹ ウェストン碑

英国人宣教師ウォルター・ウェストンは1888（明治21）年に初来日し、上高地を世界に紹介。日本人に登山の楽しみを教えた功労者として日本山岳会がレリーフを設置した。

毎年6月第1日曜日にレリーフ前でウェストン祭が開催される

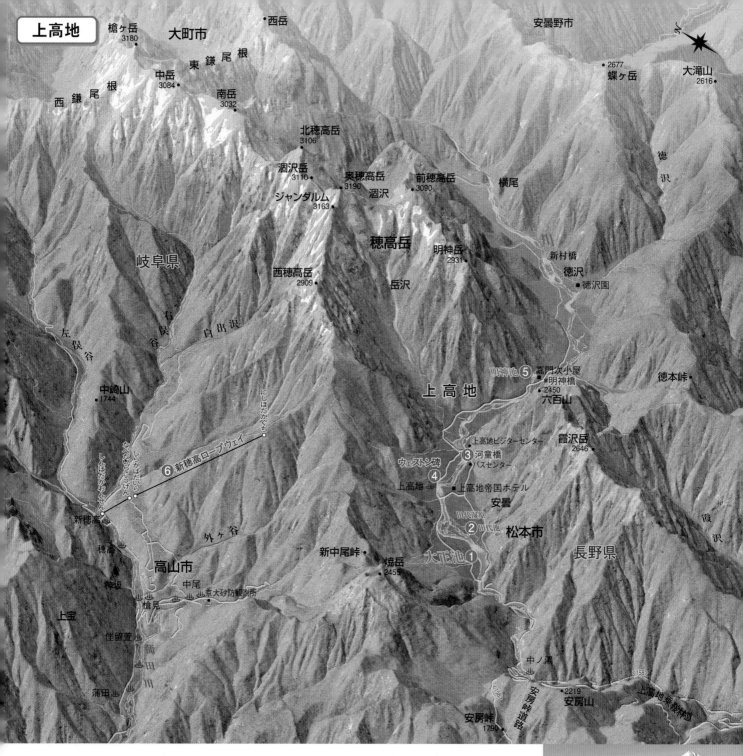

槍ヶ岳
3180

西岳

大町市

安曇野市

2677

蝶ヶ岳

大滝山
2616

東鎌尾根

中岳
3084

南岳
3032

西鎌尾根

徳沢

北穂高岳
3106

涸沢岳
3110

奥穂高岳
3190

前穂高岳
3090

横尾

ジャンダルム
3163

涸沢

新村橋

徳沢

穂高岳

明神岳
2931

徳沢園

岐阜県

西穂高岳
2909

岳沢

明神池 ⑤

嘉門次小屋

明神橋

六百山

2450

徳本峠

右俣谷

白出沢

左俣谷

中崎山
1744

にしほだかぐち

上高地

霞沢岳
2646

しらかばだいら

⑥ 新穂高ロープウェイ

なべくらこうげん

上高地ビジターセンター

ウェストン碑

③ 河童橋

バスセンター

しんほだかおんせん

新穂高

④

上高地

上高地帝国ホテル

穂高

外ヶ谷

田代温泉

安曇

松本市

高山市

神坂

新中尾峠

② 田代池

長野県

中尾

焼岳
2455

大正池 ①

京大砂防観測所

槍見

中ノ湯

上高地乗鞍林道

佳留萱

2219

安房山

上宝

馬田川

安房峠道路

安房峠
1790

蒲田

ちょっと足をのばして

⑤ 明神池

日本アルプスの総鎮守、穂髙神社奥宮境内にあり、一の池と二の池からなるひょうたん型の池。零下20度になる冬でも全面凍結せず、近年はパワースポットとしても人気を集める。

⑥ 新穂高ロープウェイ
※冬期も運行

奥飛騨温泉郷の最奥にある新穂高温泉から西穂高口を結ぶ「新穂高ロープウェイ」は国内で唯一の2階建てゴンドラが運行。標高2156mの西穂高口駅屋上の展望台からの眺望は海外でも絶賛。

新穂高ロープウェイの2階建てゴンドラ

新穂高温泉の公共露天風呂「新穂高の湯」

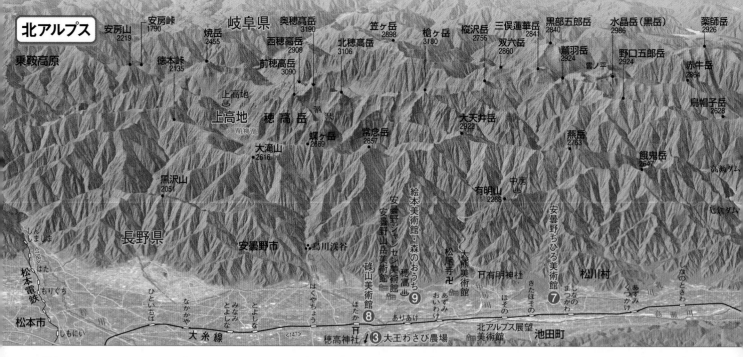

乗鞍高原　安房山 2219　安房峠 1790　徳本峠 2135　焼岳 2455　岐阜県　西穂高岳 2909　前穂高岳 3090　奥穂高岳 3190　北穂高岳 3106　上高地　上高地　穂高岳　明神池　大滝山 2616　蝶ヶ岳 2869　常念岳 2857　槍ヶ岳 3180　樅沢岳 2755　双六岳 2860　三俣蓮華岳 2841　黒部五郎岳 2840　鷲羽岳 2924　雲ノ平　水晶岳（黒岳）2986　野口五郎岳 2924　薬師岳 2926　赤牛岳 2864　烏帽子岳 2628　黒沢山 2051　大天井岳 2922　燕岳 2763　餓鬼岳 2647　高瀬ダム　中房　有明山 2268　七倉ダム　絵本美術館・森のおうち ⑨　穂高山　安曇野ジャンセン美術館　安曇野山岳美術館　碌山美術館 ⑧　松屋寺卍　ほたか　ありあけ　大熊美術館　卍有明神社　あずみの　おいわけ　安曇野ちひろ美術館 ⑦　ましなの　しなの　松川村　あずみかけ　あずみ　しなのときわ

長野県　安曇野市　烏川渓谷　松本電鉄　もりぐち　松本市　しもにい　しんしま　ひといちば　なかやか　みなみとよしな　とよしな　大糸線　<147>　穂高神社 ③　大王わさび農場　北アルプス展望美術館　池田町

北アルプスの湧水が流れる田園地帯

安曇野（あづみの）

城下町松本から、安曇野、大町にかけて松本盆地が広がり、のどかな田園地帯をなしている。北アルプスの雪解け水が湧き、清冽（せいれつ）な水を利用したわさび、そばなど名産も多い。美術館や観光スポットも点在し、安曇野を縦断するJR大糸線で白馬へのアクセスも良い。

松本

①旧開智学校

明治初期の小学校で、今も残る校舎は1876（明治9）年に建設され、90年間使用された後、移築復元された。明治時代の擬洋風学校建築として初めて国宝に指定された。

②松本城

⏰ 8:30～17:00

戦国時代そのままの天守が残る国宝・松本城。現存する五重六階の天守のなかで日本最古となる。壁面の下部を黒漆塗りの下見板で覆い、黒と白のコントラストが美しい城。

137°58′　中央図書館　武家屋敷　高橋家住宅　①旧開智学校　欧風の学校では日本最古　開智　旧司祭館　北深志　大安楽寺　松本民芸家具　長称寺　松本神社　裁判所　池田百竹亭　丸の内　城東　林昌寺　松本城 ②　松本城公園　松本市役所　恵光禅院　正行寺　塩井乃湯　松本市立博物館　大手　四柱神社　はかり資料館　ナワテ通りのアイドル、カエル像　松本市時計博物館　かえる大明神　ちきりや工芸店　牛つなぎ石　中町・蔵シック館　グレインノート　松本民芸家具　中央民芸ショールーム　源智の井戸 ⑥　イオンモール　草間彌生など松本市出身の作家を紹介　⑥松本市美術館　旧制高等学校記念館　松本局　36°14′　篠ノ井線　松本電鉄　137°58′　まつもと　バスターミナル　NHK　深志　全久院　極楽寺　深志神社　まつもと市民芸術館　あがたの森公園

松本

0　300m

━━ 中町通り
━━ ナワテ通り
━━ 上土通り
● 主な井戸・湧水

安曇野（あづみの）

わさび農場のシンボル、水車小屋

③大王わさび農場

安曇野随一の観光スポット。日本一広いわさび農園内には清流が流れ、クリアボートで水上散歩を楽しんだり、オリジナルわさび料理を味わうことができる。

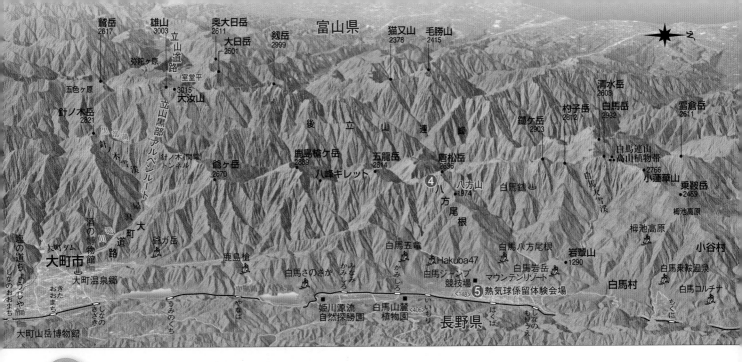

鷲岳 2617　雄山 3003　奥大日岳 2611　大日岳 2501　剱岳 2999　富山県　猫又山 2378　毛勝山 2415　清水岳 2603　白馬岳 2932　雪倉岳 2611

立山道路　室堂平 3015　柳子岳 2812

弥陀ヶ原

五色ヶ原

立山黒部アルペンルート

大汝山

針ノ木岳 2821　針ノ木峠　針ノ木（関電）トンネル

後　立　山　連　峰

鑓ヶ岳 2903

白馬連山高山植物帯 2766　小蓮華山

乗鞍岳 2469

爺ヶ岳 2670　鹿島槍ヶ岳 2889　五竜岳 2814　唐松岳 2696　八方山 1974　白馬鑓山

八峰キレット

④　八方尾根

栂池高原

大町ダム　酒の博物館　大町　道路　針ノ木岳

塩の道ちょうじや　しなのおおまち　大町市　大町温泉郷　大町山岳博物館

鹿島槍　白馬さのさか　姫川源流自然探勝園　白馬山麓植物園　長野県

白馬五竜　Hakuba47　白馬ジャンプ競技場　白馬八方尾根　岩蕈山 1290　白馬乗鞍温泉　白馬村　白馬コルチナ　小谷村

白馬岩岳マウンテンリゾート

⑤　熱気球係留体験会場

白馬

💧④ 八方尾根
はっぽうおね

ゴンドラとリフトを乗り継いで八方池山荘へ。そこから八方池までが人気のハイキングコースとなり、白馬三山が間近に迫る眺望や高山植物を楽しめる。

💧⑤ 熱気球
白馬ライオンアドベンチャー

ロープで係留された熱気球に乗って、地上30mからの眺望を楽しむアクティビティ。完全予約制で早朝に行われるが、普段着のままで気楽に体験できる。

春～秋の日曜・祝日開催。7月中旬～8月31日は毎日開催。

COLUMN
安曇野地方の美術館

松本や安曇野～白馬周辺には多彩な美術館が集まり、美術館めぐりがさかん。主な美術館を紹介しよう。

⑥ 松本市美術館
🕐 9:00～17:00

世界的に活躍する草間彌生をはじめ松本出身の芸術家作品を展示する。美術館正面の草間彌生による巨大野外彫刻が目印。ミュージアムグッズも充実。

⑦ 安曇野ちひろ美術館
🕐 10:00～17:00
（GW・8月 9:00～）
冬期休館 12～2月

安曇野に縁のある絵本画家いわさきちひろの美術館。絵本や子どもが遊ぶ部屋も充実。周囲に広がる安曇野ちひろ公園に「トットちゃん広場」がある。

©KODANSHA

⑧ 碌山美術館
ろくざん
🕐 9:00～17:10（12～2月 ～16:10）

安曇野出身の彫刻家、荻原守衛（碌山）の作品を収蔵。その展示建物「碌山館」も国の有形文化財。

⑨ 絵本美術館・森のおうち
🕐 9:30～17:00（12～2月 ～16:30）
※ 変更日あり、要確認

絵本8000冊を所蔵し、絵本原画展を開催。宮沢賢治にちなんだカフェやコテージを併設。

日本が誇る圧倒的な山岳景観
立山黒部 アルペンルート

立山黒部アルペンルートは、3000m級の北アルプスを貫く世界有数の山岳観光ルート。富山県の立山駅からトロリーバスやロープウェイを乗り継いで長野県の信濃大町駅に至る。その途上では、黒部ダムや室堂などの圧倒的な山岳景観を満喫することができる。

❶ みくりが池

周辺には特別天然記念物の雷鳥が生息する

北アルプスで最も美しい火山湖といわれる「みくりが池」は、室堂の散策ルートにある。6月まで雪に覆われるが、7〜10月は青く澄んだ湖面に立山の姿を映し出す。

❷ 弥陀ヶ原 （みだがはら）

室堂と美女平の間に広がる、8k㎡もの溶岩台地の高原。チングルマなどの高山植物を見ながらの木道散策が楽しめる。

チングルマは立山を代表する高山植物

❸ 黒部平

黒部ケーブルカーと立山ロープウェイの乗り換え駅が置かれ、周囲には雄大な黒部平の絶景が広がる。東を見下ろすと黒部湖が、西には大観峰がそびえ立つ。

❹ 雪の大谷

室堂は世界でも有数の豪雪地帯。「大谷」は吹きだまりのため特に積雪が多く、道路を除雪してできる約500mの雪壁の区間を「雪の大谷」と呼ぶ。4〜6月期間限定の絶景。

❺ 黒部ダム

観光期間は4月中旬〜11月末

難工事の末に完成した日本一の高さ186m、全長492mの黒部ダム。6〜10月の観光放水は毎秒10t以上と大迫力。黒部湖を周遊する遊覧船や名物「黒部ダムカレー」が人気。

アルペンルート観光コース

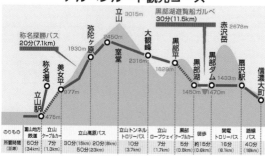

※立山黒部アルペンルートは冬季閉鎖

⑥ 黒部峡谷鉄道

運行は4月中旬～11月末

温泉で有名な宇奈月から欅平までの約20kmを結ぶ、日本一深いV字峡谷の黒部峡谷を縫うように走るトロッコ電車。高さ34mの奥鐘橋からの絶景など見どころが多い。

●COLUMN

⑦ 剱岳 100年後の「点の記」

立山連峰のなかで最も険しい剱岳。新田次郎原作で映画にもなった『剱岳 点の記』はまさしく剱岳登頂の困難を描いている。1907 (明治40) 年、測量官・柴崎芳太郎が剱岳の測量登山を行ったが、重い三角点標石を運び上げることができず、山頂には標石のない四等三角点を置いた。三角点などの設置を記録する「点の記」は三等以上でなければ作成できないため、柴崎隊の測量は当時記録に残らなかった。しかし、2004(平成16)年ついに剱岳に三等三角点が設置された。そして「点の記」には柴崎の名が記された。

剱岳山頂

剱岳

立山周辺

白馬岳 2932
鑓ケ岳 2903
朝日町
富山県
小谷村
はくばおおいけ
白馬村
唐松岳 2696
松 川
白馬八方
はくば
大糸線
五龍岳 2814
⑥ 黒部峡谷鉄道
魚津市
鐘釣
祖母谷
名剣
けやきだいら
欅平
黒部市
鹿島槍ケ岳 2889
大川沢
剱岳 2999
⑦
上市町
阿曽原
黒部別山 2353
黒部平ロープウェイオンルート
爺ケ岳 2670
鹿島川
剱御前 2777
別山 2880
黒部川
富士ノ折立 2999
立
大汝山 3015
雄山神社
山
雄山 3003
みくりが池
地獄谷
室堂
だいかんぼう
蓮華岳 2799
大町市
称
名
川
弥
陀
②ケ
原
立山道路
④
雪の大谷
立山トンネル
立山ロープウェイ
くろべだいら
黒部ケーブル
③
くろべこ
関電トンネル
赤沢岳 2678
⑤ 黒部ダム
2821
針ノ木岳
2536
針ノ木峠
長野県
立山町
立山カルデラ
黒部湖
七倉ダム
烏帽子岳 2628
赤牛岳 2864
東沢川
高瀬ダム
薬師岳 2926
富山市
野口五郎岳 2924

江戸時代の町並みが残る山あいの宿場町

妻籠・馬籠
(つまご・まごめ)

長野県南木曽町

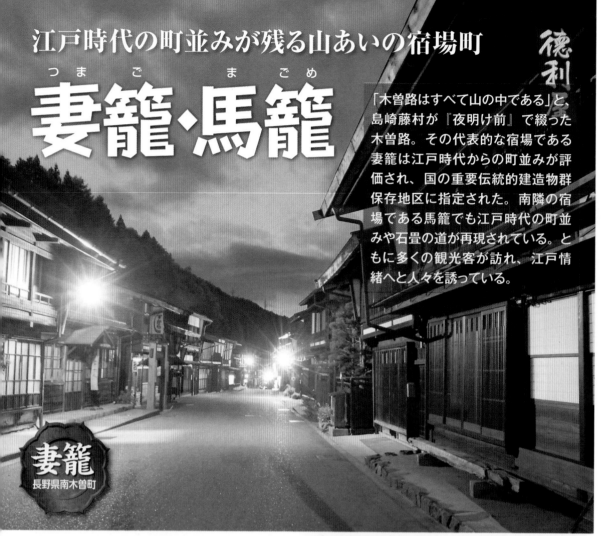

「木曽路はすべて山の中である」と、島崎藤村が『夜明け前』で綴った木曽路。その代表的な宿場である妻籠は江戸時代からの町並みが評価され、国の重要伝統的建造物群保存地区に指定された。南隣の宿場である馬籠でも江戸時代の町並みや石畳の道が再現されている。ともに多くの観光客が訪れ、江戸情緒へと人々を誘っている。

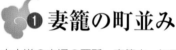

❶ 妻籠の町並み

中山道の交通の要所、妻籠宿。江戸時代の姿を色濃く残す町並みが見直され、全国に先駆けて保存運動が起こった。妻籠の夜は通り沿いに行燈が灯り、静かな時間が流れる。

浮世絵に描かれた妻籠

歌川広重の「木曽街道六拾九次」に妻籠が描かれている。木曽街道（木曽路）とは江戸と京を結ぶ中山道のうち、狭義には木曽地方を通る区間を指した。この絵は、妻籠宿の手前の神戸辺りの風景といわれる。

❷ 脇本陣奥谷
(わきほんじんおくや)

⏰ 9:00〜17:00

脇本陣だった林家が、1877（明治10）年に総檜造りで建てた建物で国の重要文化財。冬は囲炉裏から立ちのぼる煙と格子から差し込む日差しが美しく人気。

❸ 馬籠峠

妻籠と馬籠の間にある標高801mの峠。2005年に馬籠のあった山口村（長野県）が中津川市（岐阜県）と越県合併したため、現在は長野と岐阜の県境となった。石畳が残り、人気のハイキングコース。

馬籠峠の正岡子規句碑
「白雲や青葉若葉の三十里」

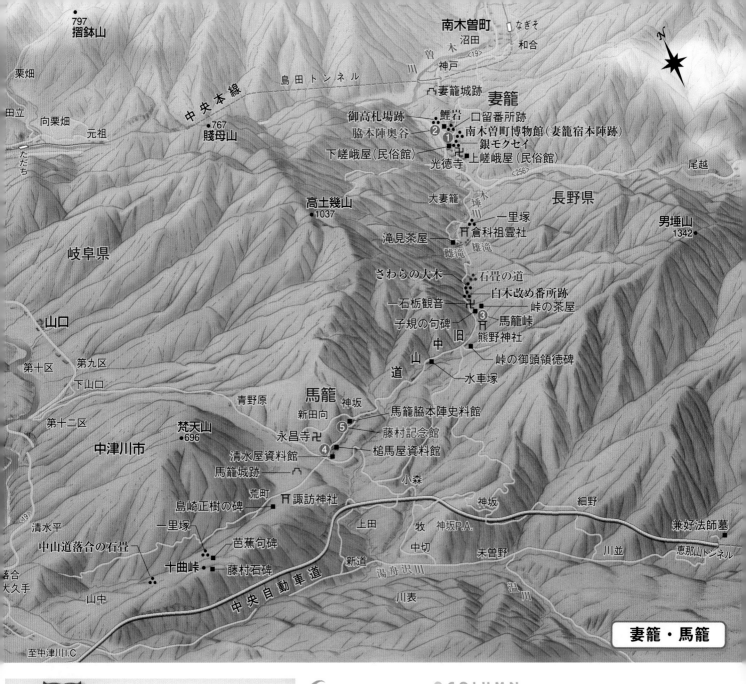

妻籠・馬籠

地図内ラベル（北部）

摺鉢山 797
栗畑
田立
向栗畑
元祖
ただち
賤母山 767
中央本線
島田トンネル
曽木川
南木曽町 なぎそ
沼田
和合
神戸
妻籠城跡
妻籠
御高札場跡
鯉岩
口留番所跡
脇本陣奥谷
② ①
南木曽町博物館（妻籠宿本陣跡）
下嵯峨屋（民俗館）
銀モクセイ
光徳寺
上嵯峨屋（民俗館）
岐阜県
山口
高土幾山 1037
大妻籠
長野県
一里塚
男埵山 1342
倉科祖霊社
滝見茶屋
尾越
雄滝
雌滝
さわらの大木
石畳の道
白木改め番所跡
石栃観音
峠の茶屋
子規の句碑
③
馬籠峠
旧
熊野神社
中
峠の御頭領徳碑
山
水車塚
第十区
第九区
下山口
道
青野原
馬籠
神坂
新田向
馬籠脇本陣史料館
第十二区
梵天山 696
永昌寺
⑤
藤村記念館
中津川市
清水屋資料館
④
槌馬屋資料館
馬籠城跡
小森
荒町
神坂
島崎正樹の碑
諏訪神社
細野
兼好法師墓
清水平
一里塚
上田
牧
神坂P.A.
恵那山トンネル
中山道落合の石畳
芭蕉句碑
中切
末曽野
川並
落合
大久手
十曲峠
藤村石碑
新道
湯舟沢川
山中
中央自動車道
川表
温川
川
至中津川I.C

馬籠

馬籠 岐阜県中津川市

❹ 馬籠の町並み

中山道、木曽路11宿の最南に位置し、山の斜面に沿って600m余り続く坂の宿場町。明治以降の大火によって失われた江戸時代の町並みを再現した。

● COLUMN

馬籠名物 栗こわめし

馬籠の名物、栗こわめし。栗おこわのことであり、地元でとれる山栗を使った昔ながらの郷土食。江戸時代には十返舎一九が「渋皮のむけし女は見えねども　栗のこはめしここの名物」と詠み、馬籠を舞台にした島崎藤村の『夜明け前』にも「名物栗こわめし」として登場する。
馬籠には栗こわめしを出す食事処が多いが、なかでも藤村記念館の隣にある大黒屋茶房は藤村の初恋相手の生家でもあり、人気となっている。

写真はイメージ

❺ 藤村記念館

⊙ 9:00～17:00
（12～3月　～16:00）

馬籠は文豪・島崎藤村の故郷としても有名。藤村記念館は藤村の生家であった本陣跡に建つ。『夜明け前』などの作品原稿、遺愛品、明治大正詩書稀覯本などを所蔵。

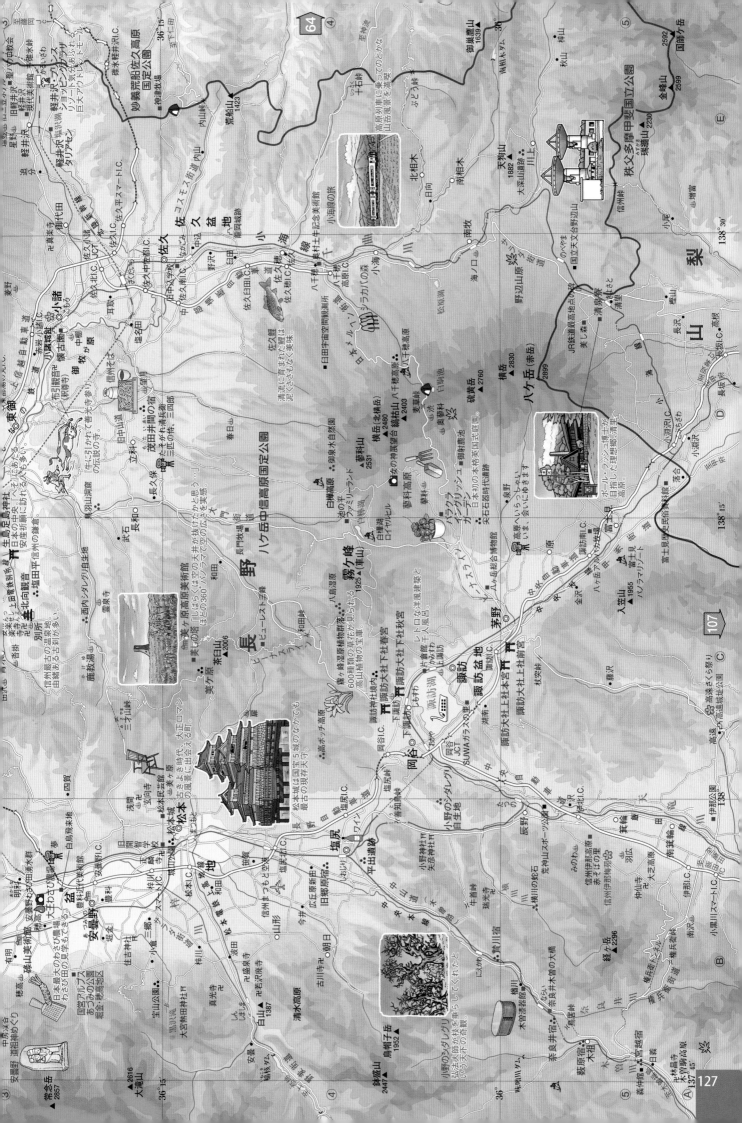

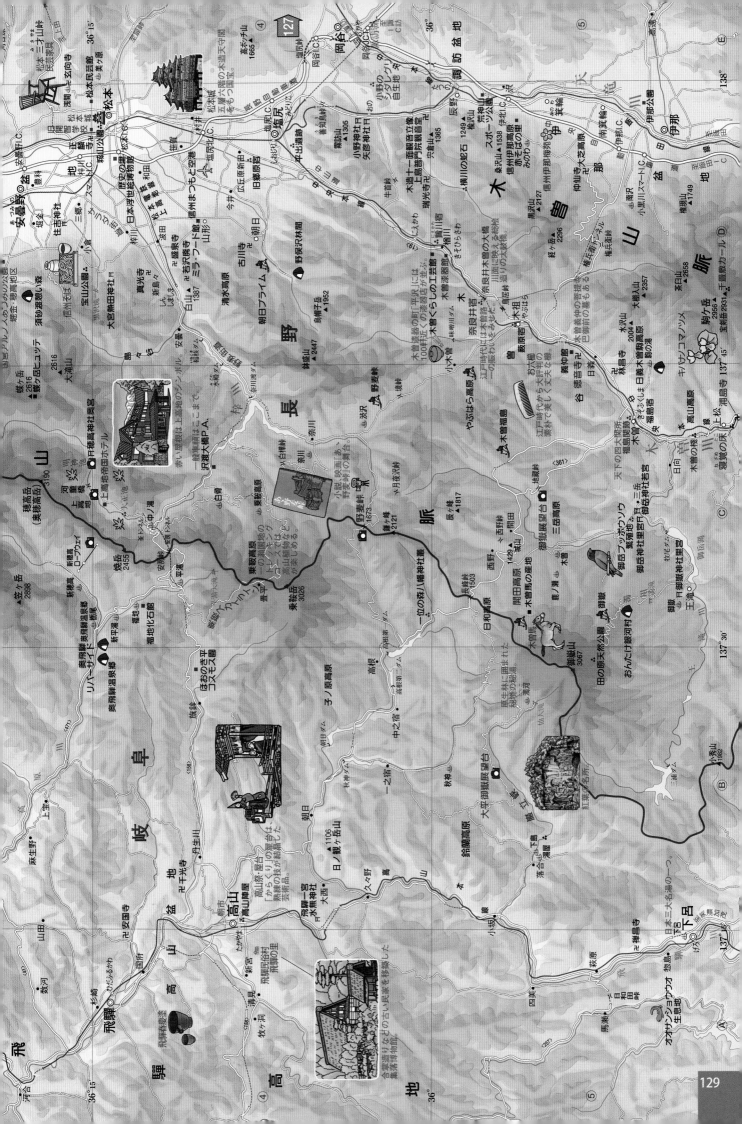

新潟

長い海岸線と佐渡島がある新潟県は、自然はもちろん文化・産業においても日本海の大きな影響を受けてきた。波涛が刻んだ荒々しい風景や北前船がもたらした各地の文化などに旅の興味は尽きない。

信濃川に架かる萬代橋(新潟市／1929年竣工)

伝統芸能
島内に30以上の能舞台があり、幽玄な薪能も観賞できる。おけさや説教節、鬼太鼓など、佐渡には数多くの古典芸能が伝わる。

▲尖閣湾　断崖絶壁と青い海の景観美は佐渡随一

スケールの大きな自然とそれを彩る濃厚な歴史、文化

佐渡

周囲約280kmに達し、海、山、平野が織りなす変化に富んだ景観は「日本の縮図」とも評される。配流された京の貴族・文人が伝えた文化・芸術や、寒流・暖流の境にある島ならではの豊かな動植物相など見どころは多い。

気ままにひと巡り

列島を分断する巨大地溝帯フォッサマグナに触れられる

糸魚川ジオパーク

糸魚川市は、日本の東西を文化的に分かつ境界であり、日本列島の地質構造上の境界でもある。親不知などの特異な地形や世界最古のヒスイ文化発祥地があり、日本初の世界ジオパークに指定されている。

フォッサマグナパーク
フォッサマグナの西縁の断層「糸魚川－静岡構造線」が露出しており、断層を直接見学できる。

親不知
日本海側の東西交通の難所であり、日本アルプスの起点。

凡例
百 百名山
百 花の百名山・新花の百名山
百 日本さくら名所100選
百 日本紅葉の名所100選
祭 おもな祭
※ おもな花火
❄ おもな冬のイベント
おもな海水浴場 快水(海水)浴場百選
🚗 おもな道の駅

138°30′
0　　　20km

B　①

佐渡
金剛山
こんごうさん ▲962
940 寒ブリ
ドンデン山(タダラ峰)
シバ草原にシャクナゲやツツジなど
ルレクチェ　金北山
尖閣湾　せんかくわん ▲1172
大佐渡スカイライン
山道を走りながら楽しむ紅葉
両津湾
加茂湖
両津
椎崎諏訪神社
姫崎
佐渡空港
おこし型
相川　佐渡金銀山跡　金井
佐和田　新穂
八幡　国中平野
チューリップを敷き詰めた光景の鮮やかさ
佐渡国分寺跡
真野湾
トキの森公園
千本ネギ
佐渡島(さどしま)
おけさ柿
38°

トキの森公園
観察路から飼育ケージ内のトキを見ることができる

アジサイ寺　赤泊
蓮華峰寺　羽茂
サザエ
沢崎鼻　小木
宿根木の街並み

佐渡海峡

②

魚の市場通り(魚のアメ横)
越後出雲崎　良寛堂
天領の里
大崎雪割草の里　出雲崎
37°30′
西山ふるさと公苑　西山
柏崎最大のお花見スポット
柏崎　かしわざき
番神・西番神海水浴場　北条
風の丘米山
赤坂山公園
野田
米山 993
柿崎
大潟　小国　鯖石川
よしかわ杜氏の郷
吉川
坂口記念館
酒の博士坂口謹一郎の雪椿園
直江津　なおえつ
頸城トンネル
浦川原
高田
三和　安塚
上越
春日山城跡
高田城址公園
じょうえつみょうこう
妙高はねうまライン
妙高　新井　中郷　板倉

東頸城丘陵
しょんびの里高柳
大島　松代
ほくほく線 P.132-133
雪のふるさとやすづか
まつだいふるさと会館
松之山　水沢
中里

うみてらす名立
鳥ヶ首岬
名立
えちごトキめき鉄道　日本海ひすいライン　能生
能生白山神社春季大祭
③

親不知
南蛮エビ(甘エビ)
新子不知　青海
糸魚川
いといがわ
北陸新幹線
親不知ピアパーク
親不知トンネル
白馬山 1287
犬ケ岳 1592
朝日岳 2418
富山

鉾ヶ岳 1316
笹寿司
美山公園
残雪の北アルプスを背景に咲き揃う桜
「越後の上高地」と呼ばれる紅葉の名所
海谷渓谷
138°
焼山 2400
火打山 2462
雨飾山 1963
妙高山 2454
新赤倉
妙高高原
妙高高原
池の平
沼の原湿原
リュウキンカの名所
高妻山 2353
いもり池
ミズバショウ群生地

津南ひまわり広場
畑一面の黄色のじゅうたん
秘境の紅葉
秋山郷
中津川渓
小松原湿原
138°30′
霧ヶ塔
苗場山

138°　　　長野

2140
白砂山

④

139°30′

© 38°30′ 38°30′

たびごよみ

2月中旬 にいがた 冬 食の陣 「当日座」 （新潟ふるさと村ほか D2） 十日町雪まつり（C3） 3月下旬～4月中旬 高田城址公園観桜会 （高田城址公園 B3） 5月～10月 天領佐渡両津薪能 （椎崎諏訪神社 B1）	5月～11月 越後山古志の闘牛大会 （山古志闘牛場 C3） 7月6～7日 村上大祭 （西奈彌羽黒神社 D1） 7月下旬 弥彦燈籠まつり （彌彦神社ほか C2） 10月 香りのばらまつり・秋 （国営越後丘陵公園 C3）

粟島 ●粟島浦 ワッパ煮

日 本 海

酒びたし

笹川流れ

大鳥屋岳 989

以東岳 1772

朝日スーパーライン
★新潟と山形を結ぶ紅葉の名所

鷲ケ巣山 ▲1093

ノドグロ

岩船麩

鮮やかなチューリップとナノハナ畑

のっぺい汁

信濃川やすらぎ堤緑地
川沿いに咲くチューリップと桜

アカヒゲ

新潟まつり

笹団子

新潟ぶるさと村

新発田城公園
五十公野公園 森林に囲まれたあやめ園

二王子岳 1420

奥胎内 胎内川上流の紅葉

飯豊山 2105

大日岳 2128

三国岳 1644

球根生産量 日本一のクロッカス

高瀬 関川

鷹の巣山橋 紅葉の見事さは県内屈指

瀬波温泉 海水浴場

西奈彌羽黒神社

村上牛

彌彦神社

弥彦山 634

弥彦公園

燕 三条

加茂

黄金の里 銀杏の産地に巨木

白山 1012

粟ケ岳 1293

矢筈岳 1257

御神楽岳 1386

駒形山 1072

守門岳 1537

八十里越

入広瀬

浅草岳 1585

六十里越トンネル

六十里越 863

長岡

悠久山公園「お山」の愛称で親しまれる桜の名所

もみじ園 別荘の庭園として造られた

国営越後丘陵公園 長岡まつり大花火大会

小千谷 山古志闘牛場

ちぢみの里おぢや

魚沼

コシヒカリ

八色スイカ

八海山（入道岳）1778

駒ケ岳 2003

中ノ岳 2085

奥只見湖

丹後山 1809

平ケ岳 2141

巻機山 2004

景鶴山

谷川岳 1978

仙ノ倉山 2026

三国峠

清水トンネル

関越トンネル

湯沢 アルプスの里 ユリや高山植物

十日町 南魚沼

陵 紅葉に彩られた 日本三大渓谷

清津峡谷

清津峡石打

飯士山 1111

栃尾 R290とちお

栃尾油揚げ

守門岳 845

枝折峠 幻想的な滝雲ビュースポット

稲刈り体験

十日町 へぎそば

阿賀野川ライン舟下り 紅葉の渓谷美を楽しむ

阿賀野川

角田雪椿園

訪春園園芸品種のユキツバキ

原種のアカバナユキツバキが咲く

黒森山 560

新潟

越 後

平

村松公園

小山田彼岸桜樹林 国の天然記念物

護摩堂山 あじさい園

日倉山

新潟県立植物園

約3haにチューリップ

五泉

瓢湖 桜も美しい白鳥の渡来地

月岡

聖籠

加治川

胎内

越 後

新発田

新潟空港

138°

37°30′

139°30′

139°

絶景の夕日を堪能できる温泉郷

瀬波温泉 村上市

ほぼ真西に向いて海岸線が延び、夕日と正対できる瀬波温泉は、日本でも屈指の夕日の絶景ポイントだ。日本海に沈む夕日を露天風呂からゆっくりと眺められる宿もある。

万葉集にも詠われた越後国の祖神

彌彦神社 弥彦村

祭神である天香山命（あめのかごやまのみこと）は、越後国の民に製塩、稲作、漁労、製鉄などを伝えた祖神とされる。老杉に囲まれた境内には、背後に弥彦山を仰ぐ拝殿があるほか、多数の摂末社が境内・境外にあり、荘厳な神域となっている。

◆ ノドグロ

その名の通り喉の中が真っ黒な魚で、北陸や山陰ではアカムツと呼ばれる。新潟では、産卵前の7～9月が、脂がのった旬とされる。

味覚探訪 たびぐるめ

◆ へぎそば

へぎ（木の薄板）の箱に一口分ずつ丸く盛って供される魚沼地方発祥のそば。名産の織物の糊付けに使われるフノリをつなぎに入れる。

小嶋屋総本店（十日町市）

◆ 鮭の酒びたし

村上市を流れる三面川はサケの遡上で知られ、塩引き鮭や酒びたしなど、サケを長期間、塩蔵・発酵させて食べる食文化が発達した。

千年鮭 きっかわ（村上市）

新緑、紅葉、冬の雪景色でも魅せる日本百景の一つ

阿賀野川

『日本奥地紀行』で、明治初期の日本の姿を記録に残した英人女性旅行家イザベラ・バードも絶賛した渓谷美で知られる。阿賀町のライン舟下り、磐越西線のSLなどから間近に堪能できる。

日本の原風景を求めて
ほくほく線 ゆったり旅

新潟県南魚沼市の六日町駅から上越市犀潟駅までをつなぐ北越急行ほくほく線。かつては首都圏と北陸を結ぶ最速ルートとして活躍したが、北陸新幹線の登場後は、ゆったりとした旅に最適な路線となった。沿線には棚田をはじめ、日本の原風景が広がり癒しを与えてくれる。

❶ 星峠の棚田（十日町市松代）

「にほんの里100選」に選ばれた十日町市の松代・松之山地域。山の斜面に沿い階段状に広がる棚田は日本の原風景。なかでも「星峠の棚田」は絶景スポットとして有名。

❷ 北越急行「ゆめぞら」

北越急行「ゆめぞら」は日本初のシアタートレイン。トンネルに入ると電車の天井がスクリーンに変わり、花火、宇宙など5種類の映像を上映。JR線乗り入れで越後湯沢-直江津間を毎週日曜日に運行。

ほくほく線沿線

❸ 美人林(びじんばやし)(十日町市松之山)

昭和初期に伐採されたブナ林から若い木々が育ち、スラリと美しい立ち姿の林になったことから名づけられた。新緑だけでなく、紅葉シーズンも見応えがある。

❺ 高田城址公園(たかだ)(上越市)

徳川家康の六男・松平忠輝の居城、高田城跡に整備された公園。ライトアップされた約4000本の桜のトンネルは日本三大夜桜と称される。

❹ 越後妻有(つまり) 大地の芸術祭の里(十日町市・津南町)

広大な里山に展示された何百もの作品をめぐって楽しむ、3年に1度の国際芸術祭。越後妻有里山現代美術館MonET(モネ)、絵本と木の実の美術館、まつだい「農舞台」などの施設は常設。

まつだい「農舞台」にある草間彌生「花咲ける妻有」
(撮影中村脩)

❻ 林泉寺(りんせんじ)(上越市) ⏰ 10:00〜16:00

戦国の武将、上杉氏の菩提寺であり、上杉謙信は7歳から14歳までこの寺に預けられ学んだ。境内には謙信の墓所もあり、山門に掲げられた「第一義」の扁額は謙信の直筆。

北越急行ほくほく線

ほくほく線の他社線
乗り入れ区間

棚田百選

その他の棚田

ちょっと足をのばして

❼ 津南ひまわり広場(つなん)(津南町)

1990年に農家の青年仲間が遊休農地を利用して自ら楽しむために作付けしたのがきっかけ。現在、4haの畑に約50万本ものひまわりが咲き誇る。迷路が作られるほど広大で、結婚式が行われるほど美しい。

● COLUMN
越後の酒を満喫 ●

新潟は全国屈指の酒の生産量を誇る地酒王国。豪雪地帯の気候と水、質の高い酒米、越後杜氏の技術とで銘酒を作り出す。越後湯沢駅構内の「ぽんしゅ館」では越後の全酒蔵93蔵の利き酒が楽しめる。

JR東日本
「越乃Shu＊Kura」

酒をコンセプトとした観光列車「越乃(こし)Shu＊Kura(のシュクラ)」も誕生。車内では厳選した新潟の酒の利き酒、生演奏、蔵元イベントなども行われる。JR上越妙高駅から直江津や長岡を経て十日町駅に至る。越後湯沢駅や新潟駅を目指す便もある。

❽ ぽんしゅ館　　　南魚沼の銘酒「八海山」

0　　　　　20km

② 136°30′　　Ⓐ　　　137°　　　38°Ⓑ　　137°30′

37°30′

舳倉島

七ツ島

キリコ祭り
能登各地で個性豊かに繰り広げられる
キリコ祭りは能登の夏の風物詩。

御陣乗太鼓
輪島キリコ会館等で
観光用に実演（4～10月）

③　石　川

能登半島国定公園

日吉神社　御陣乗太鼓　輪島塗り　ねぶた　曽々木海岸　窓岩　奥能登塩田村　徳保の千本椿　折戸　禄剛崎灯台　禄剛崎
猿山岬　輪島　高洲山▲567　千体地蔵　本家上時国家　大谷　狼煙
関野鼻　門前　ゆべし　白米の千枚田　里　延武　栗津
琴ヶ浜　剱地　総持寺祖院　当目　金蔵　珠洲　珠洲飯山　正院
ヤセの断崖　古和秀水　能登半島　宝立山▲471　珠洲焼窯元　別名軍艦島。
二又川　柳田　鵜飼　鉢ヶ崎海岸
増穂浦海岸　のと里山空港　上町　珠洲焼窯元　飯田湾
富来　此木　伊久留　能登　真脇遺跡公園　恋路海岸
機具岩　穴水　中居　〈249〉　二子山▲181　内浦　赤崎
能登金剛　鵜川　白丸　のと海洋ふれあいセンター
巌門　小牧　鹿波　沖波大漁まつり　小木　能登九十九湾遊覧船
旧福浦灯台　火打崎　能登九十九湾
志賀原子力発電所　直浦　中島　大口瀬戸
上野　志賀　尾　伊夜比咩神社　鯉目　能登島ガラス工房
妙成寺　和倉　カキ　半浦　能登島
気多大社　中能登　田鶴浜　能登島大橋　小口瀬戸　観音崎
羽咋　七尾　能登食祭市場　石崎奉燈祭　赤崎　七尾大田火力発電所
コスモアイル羽咋　飯山　線屋　飯川　城山
宝達志水　鹿西　鹿島　石動山▲564　花園　能登半島国定公園
九殿浜　中田　大泊鼻

富山湾

瑞龍寺（高岡市）
国宝（山門、仏殿、法堂）重要文化財（総門、
禅堂ほか）など見ごたえある曹洞宗寺院。

黒部ダム
立山黒部アルペンルートのメインスポット。
高さ186m、長さ492mのアーチ式では日本最
大、世界でも有数のダム。冬期は営業停止。

入善 ジャンボスイカ
楕円形で重さ15～18kgの
まさにジャンボスイカ。

ひみ阿尾の浦　朝日のビューポイント　新湊大橋　岩ガキ
小久米　氷見　雨晴海岸　島尾　岩ガキ
仏生寺　気多神社　伏木　ズワイガニ
砺波大門素麺　高岡銅器　万葉線　海王丸パーク　古志の松原
瑞龍寺　射水　神通川　しんきろうロード　蜃気楼展望地　黒部　ヒスイ海岸　親不知ピアパーク
福岡IC　となみ野　大門　下　魚津埋没林　金太郎　黒部IC　親不知IC　青海　糸魚川　長者ヶ原遺跡　能生
砺波　砺波チューリップ公園　小杉　呉羽山公園　常願寺川　魚津　天神山　石田　舟見　愛本　上路　北陸新幹線　糸魚川IC　水保観音堂　フォッサマグナミュージアム
砺波IC　富山西IC　富山IC　婦中　舟橋　滑川　ほたるいかミュージアム　滑川IC　宇奈月　うなづきおんせん　白馬山▲1287　黒姫山▲1221　大野　大平　鉾ヶ岳▲1316　焼山
散居村展望台　富山　立山IC　上市　立山寺　小泉　北陸自動車道　黒部　犬ヶ岳▲1592　姫川渓谷　小滝川ヒスイ峡　フォッサマグナ　不動山▲1430
砺波平野のきときと空港　散居村を一望　おわら風の盆　動車道立山　月岡　朝日岳▲2418　蓮華　白馬　姫川　朝日岳　火打山▲2462
鍬崎山▲510　富山　越中八尾　大山　白岩　僧ヶ岳▲1855　飛　驒　中　部　白馬岳▲2932　白馬連山高山植物園　小谷　雨飾山▲1963　焼山▲2400
至五箇山　高沼　宮腰　水口　中新川　伊折　黒部峡谷　白馬鑓ヶ岳　高妻山▲2353　笹倉
36°30′　庄川船舶　三ッ松　芦峅寺　美女平　黒部峡谷　鎌田岳　白馬岳2932　青鬼集落　1904▲　戸隠山▲1917
137　利賀　美女平　弥陀ヶ原　立山　ライチョウ　黒部峡谷　国　白馬方　西京　ナウマン象発掘地
⑤　白木峰▲1586　金剛堂山▲1638　立山（大汝山）▲3015　黒部ダムレストハウス　立山　鬼無里　飯縄山　信濃
岐　阜　ニッコウキスゲ　薬師岳の圏谷群　黒部ダム　立　映画『黒部の太陽』　大町温泉郷　山　中網湖　小川　中条　善光寺　長野　小布施
宮川　下本　薬師岳▲2926　長　野

黒部峡谷・トロッコ電車の旅
トロッコ電車に乗って
壮大な渓谷美を楽しむ。

立山・雪の大谷ウォーク
20mに迫る雪の壁が圧巻。

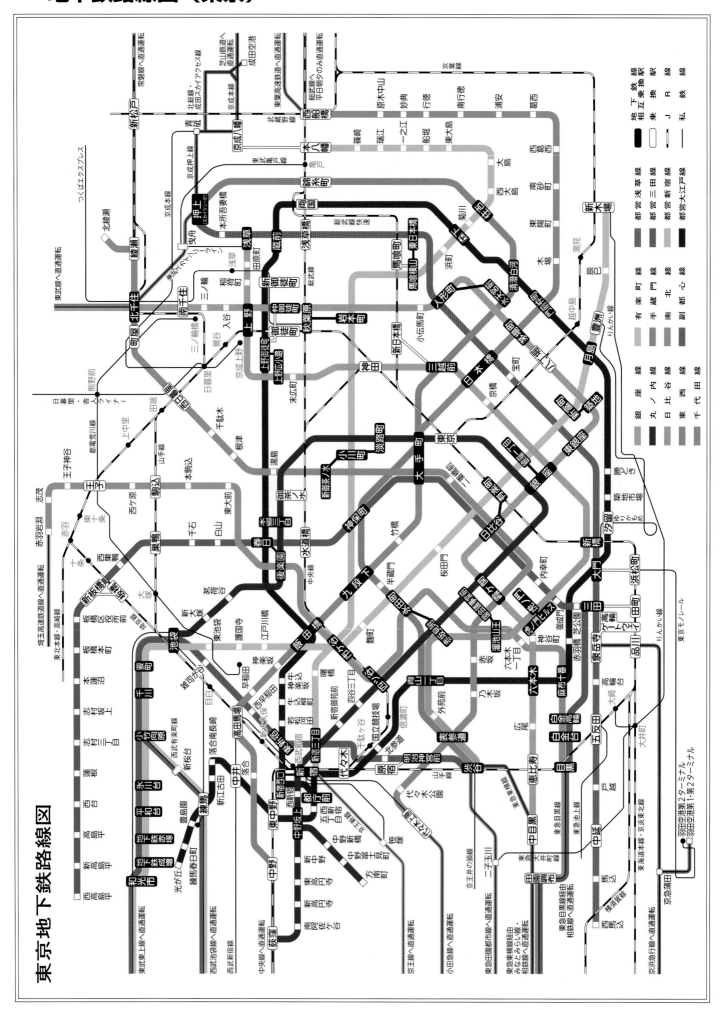

東京地下鉄路線図

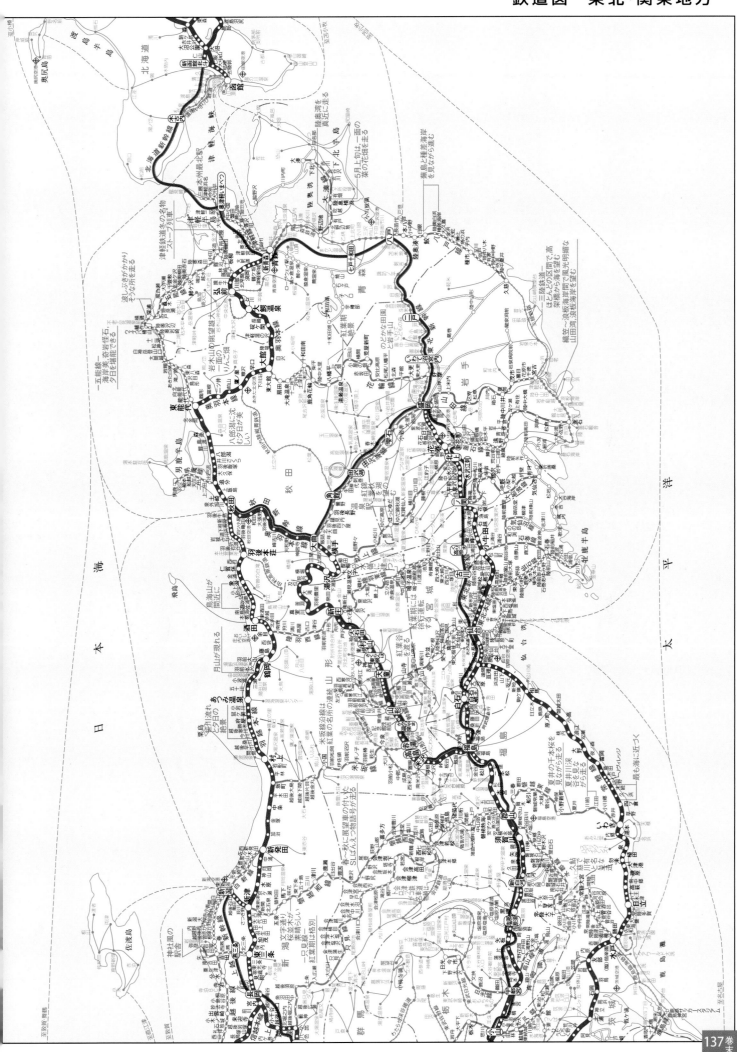

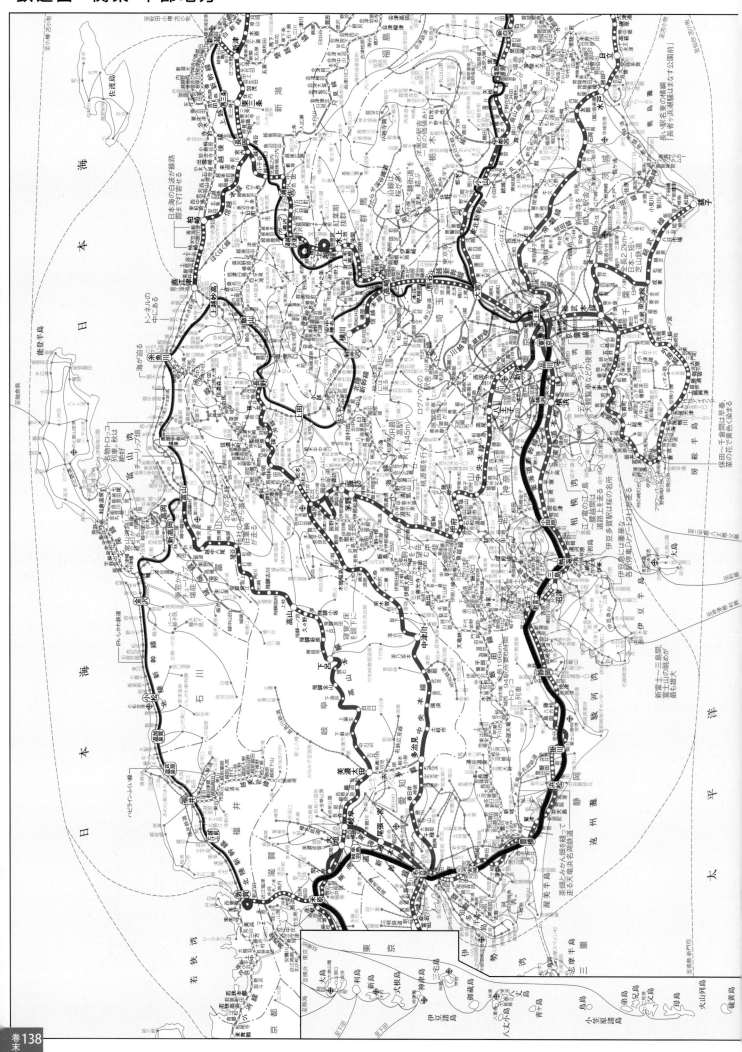

索 引

編集協力者

手塚郁子／槇光義

編集・制作協力

アヴァンデザイン研究所／アーク・コミュニケーションズ／エレフロッグ／鷗来堂
／工作舎／スリージャグス／西澤健二／麦秋新社／PAD

鳥瞰図・イラスト作成

アルトグラフィックス／黒澤達矢／杉下正良／スタジオ・スペース ツー
／パノラマ・ケニング（ドイツ）／北海道地図

表紙カバーデザイン

福島ひろみ

写真・資料提供

足利市観光協会／安曇野市観光協会／安曇野ちひろ美術館／アフロ／アマナイメージズ／いすみ鉄道／伊那市観光協会／茨城県観光物産協会／茨城県陶芸美術館企画管理課／上田市マルチメディア情報センター／氏家雛めぐり実行委員会／宇宙航空研究開発機構／絵本美術館・森のおうち／大石慶子／大木沙友里／岡本太郎記念現代芸術振興財団／荻野屋／尾瀬保護財団／小田原鈴廣／偕寫園／回廊ギャラリー門／笠間いなり寿司いな吉／笠間工芸の丘／笠間市商工観光課／笠間日動美術館／鹿島神宮／菓匠右門／勝浦市役所観光商工課／葛飾区観光協会／葛飾柴又寅さん記念館／香取市商工観光課／香取神宮／上高地観光旅館組合／鴨川シーワールド／川越市観光企画／川越市役所産業観光部観光課／川崎大師平間寺／観光ぐんま写真館／行田市／金精軒製菓／群馬県／群馬県観光物産国際協会／建長寺／古河市／国営ひたち海浜公園／国立国会図書館／小嶋屋総本店／佐渡市／佐野厄よけ大師／山翠／JAXA筑波宇宙センター／JR東日本新潟支社／地獄谷野猿公苑／静岡県観光協会／シャトー勝沼／松竹株式会社／白骨温泉旅館組合／新江ノ島水族館／信州いいやま観光局／深大寺／住吉／泉岳寺／善光寺／千年鮭 きっかわ／帝釈天題経寺／大地の芸術祭の里／棚田倶楽部／谷川岳ロープウェイ／秩父市産業観光部観光課／秩父鉄道／千葉県観光物産協会／彫刻の森美術館／銚子市役所観光商工課／銚子電気鉄道／（公財）つくば科学万博記念財団／筑波観光鉄道株式会社／つくばサイエンスツアーオフィス／手打ちそば湧水／鉄道博物館／（公財）東京観光財団／東京電力／東京都中央卸売市場／東武タワースカイツリー／東武レジャー企画／TOHOマーケティング株式会社／栃木県／栃木県観光物産協会／富岡市／苗場スキー場／長瀞町観光協会／ながの観光コンベンションビューロー／那須どうぶつ王国／那須とりっくあーとぴあ／成田山新勝寺／新潟県観光協会／日光山輪王寺／日光市観光協会／日光東照宮／日光二荒山神社／白馬ライオンアドベンチャー／箱根駅伝ミュージアム／箱根ガラスの森美術館／箱根町観光課／長谷寺／PIXTA／常陸太田市観光物産協会／平塚市観光協会／フォッサマグナミュージアム／photolibrary／福島県観光物産交流協会／福寿家／船橋市公園協会／Fried Green Tomato／北越急行／ホテルニューグランド／ポーラ美術館／ぽんしゅ館／マザー牧場／松本市美術館／松本城管理事務所／まるごといばらき写真ひろば／マレタラッサ／万平ホテル／水戸観光協会／水戸黄門茶屋／村上市観光協会／明月院／紋蔵庵／矢後雅代／やまなし観光推進機構／山梨県立フラワーセンター ハイジの村／ヨコオデイリーフーズ／横須賀市観光協会／横須賀集客促進・魅力発信実行委員会／横山雅世史／碓山美術館／ロックハート城

※本書の地図に表記した「おもな道の駅」は国土交通省によって登録された全国の道の駅から抜粋して記載しました。また、「百名山」は深田久弥著・新潮社発行『日本百名山』を、「花の百名山・新花の百名山」は田中澄江著・文藝春秋発行『花の百名山』『新・花の百名山』を、「日本さくら名所100選」は（財）日本さくらの会選定による全国の桜の名所、「日本紅葉の名所100選」は主婦の友社発行『見直したい日本の「美」日本 紅葉の名所100選』所収の全国の紅葉の名所をそれぞれ参考にしています。
※本書に記載した花の見頃及び所要時間は大体の目安であり、実際と異なる場合があります。
※災害等により、一部交通機関において不通となっている区間があります。詳しい運行状況等は、各社のホームページ等でご確認ください。

「測量法に基づく国土地理院長承認（使用）R6JHs 108」
「測量法に基づく国土地理院長承認（使用）R5JHs 207-GISMAP58920号」

旅に出たくなる地図　関東甲信越

令和6年7月7日　印刷　　　　　　　定価1,980円（本体1,800円＋税）
令和6年7月12日　2版発行

著作者　株式会社 帝国書院
　　　　代表者　佐藤 清
発行所　株式会社 帝国書院
　　　　代表者　佐藤 清
　　　　東京都千代田区神田神保町3-29（〒101-0051）
　　　　電話03（3262）4795（代）
　　　　振替口座　00180-7-67014
印刷所　新村印刷株式会社
製本所　株式会社アトラス製本

©Teikoku-Shoin Co., Ltd.2024
Printed in Japan
ISBN 978-4-8071-6722-7

本書掲載の地図、写真、図版等を無断で複写することや転載することを禁じます。乱丁・落丁本はお取りかえします。